選ばれる小さな企業

日本政策金融公庫総合研究所 編

はしがき

平成のわが国経済を振り返ると、バブル景気とその崩壊、100年に1度といわれたリーマン・ショック、東日本大震災をはじめとする自然災害の影響など、大きなうねりの連続であった。人口減少や地方創生などといったキーワードが示すように、日本の社会構造も大きく変わった。主に国内の企業や個人を相手に事業を営んでいる小さな企業にとって、平成はサバイバルの時代だったといえる。実際、1991年、平成3年に約520万社あった中小企業の数は、2016年、平成28年に358万社まで減少した。

商品やサービスを消費する個人にも変化が起きている。最も影響が大きいのは少子高齢化だろう。2018年時点の日本人の平均寿命は1991年に比べて男女ともに約5年長くなり、男性が81・25年、女性が87・32年となった。孫のためにお金を使うジジババ消費が活発になり、デイサービスや訪問介護など、高齢者を対象としたサービスも充実してきている。人口の年齢構成が変われば求められる商品やサービスも変わる。

それだけではない。平成は多様な消費ニーズが表出した時代でもあった。インターネットが普及し、人々は世界中の情報を探して自分に合った商品やサービスを見つけ出すようになった。店頭ではほとんど売れない地味な商品がインターネット上で細々と売れ続けるロングテール現象や、自動車や住居などを所有するのではなく共有することで便益を享受しようとするシェアリングサービスの登場は、ニーズの多様化を裏付ける現象の例である。

このように、経済社会の構造が変化するなかで顧客のニーズは広がりをみせている。となると、商品やサービスを提供する企業と顧客の関係性もこれまでとは異なってくるはずである。小さな企業が令和の時代を生き抜くためには、顧客とどのような関係を築いていくべきなのだろうか。こうした問題意識から、日本政策金融公庫総合研究所は「企業と顧客の関係性」を切り口とした事例調査を実施した。本書はその成果をまとめたものである。

本書は2部構成である。第Ⅰ部の総論では、企業が顧客と深い関係を築き維持するためにはどのような取り組みが求められるのかを事例企業の取り組みから分析した。企業の立ち位置によって効果的な取り組みの中身は異なる、その一方で、顧客と太い絆で結ばれている企業には共通点があることを明らかにする。執筆は当研究所主任研究員の藤田一郎と研究員の小瀧浩史が担当した。

第Ⅱ部の事例編では、事例調査を実施した企業の取り組みの詳細をインタビュー形式で紹介している。ミシン糸とファスナーの品ぞろえで勝負するオンライン手芸店や、小さな島にたたずむ全国区の時計修理店、広報プロデュースに力を入れ、地元で獲れた魚を予約殺到の食材に仕立て上げた印刷業者など、規模は小さいが顧客の大きな支持を集めている企業の実態に迫った。取材と執筆は、前出の藤田と小瀧のほか、主任研究員の葛貫怜、研究員の友山慧太・篠崎和也・長沼大海・星田佳祐・青木遥が担当した。

今年に入って以降、新型コロナウイルスの感染拡大により、多くの中小企業の方々が甚大な影響を受けている。心よりお見舞い申し上げるとともに、一刻も早く事態が収束することを願ってやまない。小さな企業が難局を乗り越えていくためには、顧客一人ひとりの支えが大切になってくる。企業が顧客と深い関係を築くことは容易ではないが、本書がその一助になれば望外の喜びである。最後に、ご多忙のなか、わたしどもの取材に快く応じ、貴重なお話を聞かせてくださった経営者の皆さまに、改めて心から御礼申し上げる次第である。

2020年6月

日本政策金融公庫総合研究所
所長　武士俣 友生

目次

第Ⅱ部　事例編

■ニッチ×全国

第Ⅰ部　総　論

「選ばれる企業」は なぜ顧客と絆を結ぶことが できたのか

日本政策金融公庫総合研究所
主任研究員　藤田 一郎
研究員　小瀧 浩史

1 変わる企業と顧客の関係

企業からみた顧客との関係性は大きく二つに分けられる。「獲得」と「維持」である。本章では、顧客と有益な関係を築き上げていく「維持」のプロセスに注目し、顧客との関係を大切にすることで常連客を確保できている企業を「選ばれる企業」と呼ぶことにする。企業が顧客と築き上げた関係性、いわば絆は、他社にはまねできないユニークな経営資源であり、企業の持続可能性を高めるはずである。以下、「選ばれる企業」はなぜ顧客と絆を結ぶことができたのかについて、事例をもとに考察していくことにしたい。

構成は次のとおりである。第2節では、各種統計や民間調査などを紹介しながら、変わりゆく顧客の姿を捉える。

第3節からは事例調査の分析に入る。第3節では、企業と顧客の「距離」に注目する。具体的には、ユーザーの範囲が広いか狭いか（マスかニッチか）、商圏の範囲が広いか狭いか（全国か地元か）を切り口に事例企業を分類し、それぞれのセグメントに属する「選ばれる企業」がどのような取り組みをしているのか分析する。通常、企業はユーザーの範囲と商圏がともに広い市場を目指すのがセオリーである。収益機会が多く見込めるからだ。しかしこうした市場にはたくさんライバルがいる。顧客からすれば選択肢が多いことを意味する。ヒト、モノ、カネといった経営資源が限られる小さな企業が競争を勝ち抜き、顧客と強い関係を築くことは難しい。実際、「選ばれる企業」はライバルとは一線を画したところで顧客と絆を結び、存在感を高めている。自社がどのセグメントを目指すべきかをイメージしながら読み進めていただければ、顧客との関係を太くするヒントが見出せるはずである。

第4節では、「選ばれる企業」から観察された共通点を五つ挙げる。詳しくは後に譲るが、いずれの取り組みもけっして奇をてらったものではない。小さな企業にも取り組みやすい内容といえる。

最後の第5節では、まとめとして、企業と顧客の関係が絆に変わったとき、両者の間にどのような変化が生まれるのかを考察する。

中小企業研究において、本書のように顧客を維持するプロセスに注目したケーススタディーはやや特殊かもしれない。昭和から平成初めにかけての日本のように、経済全体の成長が見込めた時代は販路を増やして顧客を獲得する戦略が重視されてきた。だからケーススタディーにおいても市場を開拓し新たな顧客を獲得できたという事例の研究が多かったと思う。

　だが、かつてのような高度経済成長は、日本経済の現状をみる限り想定しにくい。こうした状況下で、小さな企業が、限りある経営資源を顧客の獲得に投入し続けるのはリスクが高い。競争相手との消耗戦になり、企業の体力をそぐことになりかねないからだ。では、どうすればよいのだろうか。難しい問題だが、ヒントは「選ばれる企業」が実践している顧客との関係を深める取り組みにあると、筆者は考えている。これからの時代に求められるのは、今いる顧客との関係を維持し深めることである。この取り組みが、結果として企業の持続可能性を高めることになる。乱暴な言い方かもしれないが、１００人の顧客と1回限りの取引をすることと、４人の顧客と25回取引し続けることで得られる売り上げは期間が同じであれば計算上等しい。本書が注目するのは後者の戦略である。

2　変わる企業と顧客の姿

(1) 企業数と人口動態

　企業と顧客の姿は平成時代に大きく変わった。もはやおなじみではあるが、象徴的な二つのデータを確認しておきたい。企業数と人口動態である。

図－1は、企業数の推移を示す時系列データである。日本の企業数をみると、1991年（平成2年）に523万者、そして最新調査に当たる2016年（平成28年）に359万者となっている。25年の間に、31・4パーセントの企業が姿を消した。そのうち小規模企業に限ると、2016年時点の小規模企業の数は305万者と、1991年（459万者）に比べて33・6パーセント減った。他方、中規模企業と大企業の数は1991年以降、ほぼ横ばいである。

なお、日本の事業所数も確認しておくと、1991年が654万所、2016年が558万所となっており、14・7パーセントの減少である。調査方法が変わっているので単純比較は注意を要するが、企業数に比べて事業所数の減少ペースは緩やかとみてよいだろう。

このことから二つのことがいえるのではないだろうか。一つは、平成時代は、小規模企業の動向を主な原因として企業数が減ったということである。企業数でみた市場規模が縮小したということであり、企業を相手に商品やサービスを提供するBtoBのビジネスを展開する企業にとっては、顧客の獲得が難しくなった時代といえる。

もう一つは、小規模企業が減る一方で、比較的規模の大きな企業が支社や支店を開設して事業を拡大してきたということである。この場合、企業数は減少するが事業所数は増え

図－1　企業数の推移

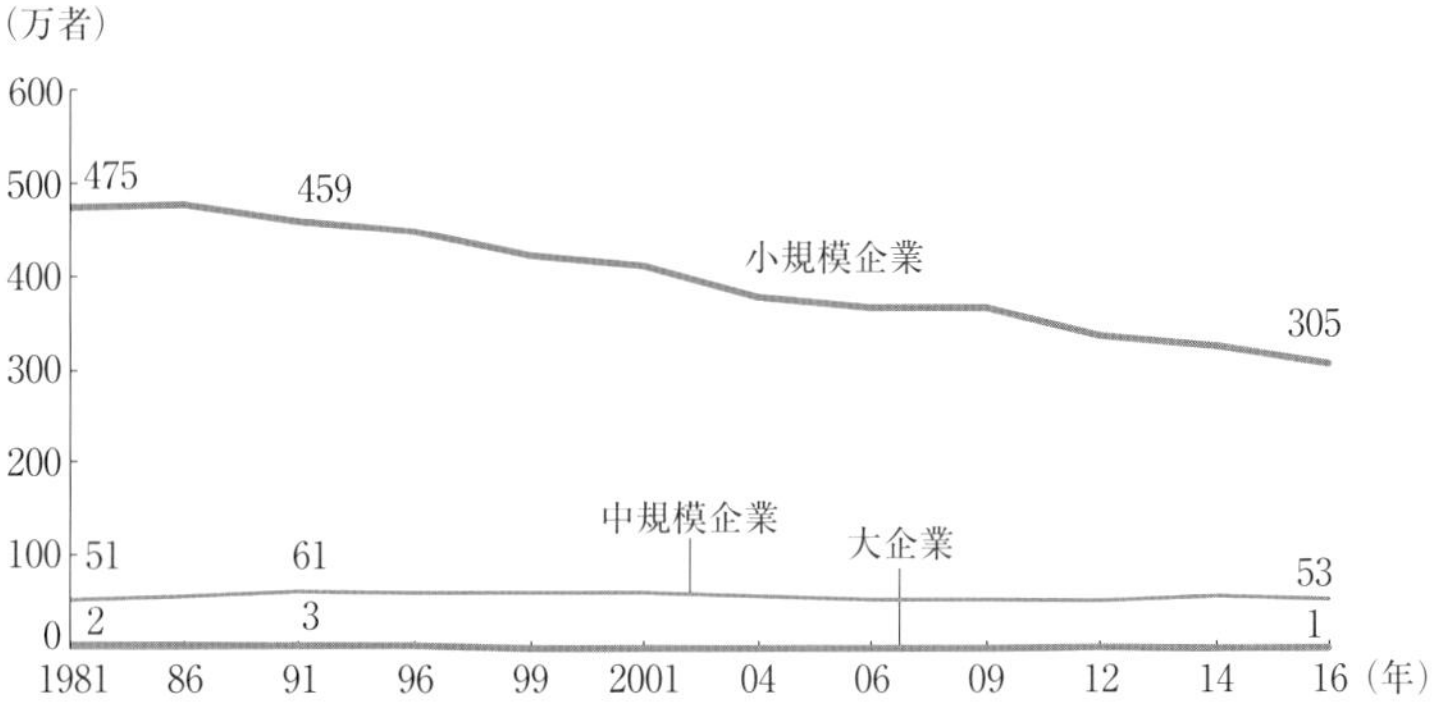

出所：中小企業庁『2019年版中小企業白書』
資料：総務省「事業所・企業統計調査」(2006年まで)
総務省「経済センサス―基礎調査」、総務省・経済産業省「経済センサス―活動調査」(2009年以降)

ることになる。例えば、個人経営の飲食店がいつの間にか大手チェーン店に変わっていたという光景は、誰しも見たことがあるのではないだろうか。どこへ行っても同じように食事ができるようになった一方で、自分好みの店に出会う楽しみは減ったように感じられる。

次に、人口動態を確認しよう。日本の人口は１９９０年（平成２年）に１億２３６１万人、２０１５年（平成27年）に1億２７１０万人となった（図－２）。先ほどの企業数と違い、25年の間に人口は減っていない。人口減少社会という言葉が各所で叫ばれるようになって久しいが、実際に人口が減り始めたのは２０１０年以降であり、減少ペースも企業

図－２　日本の人口の推移

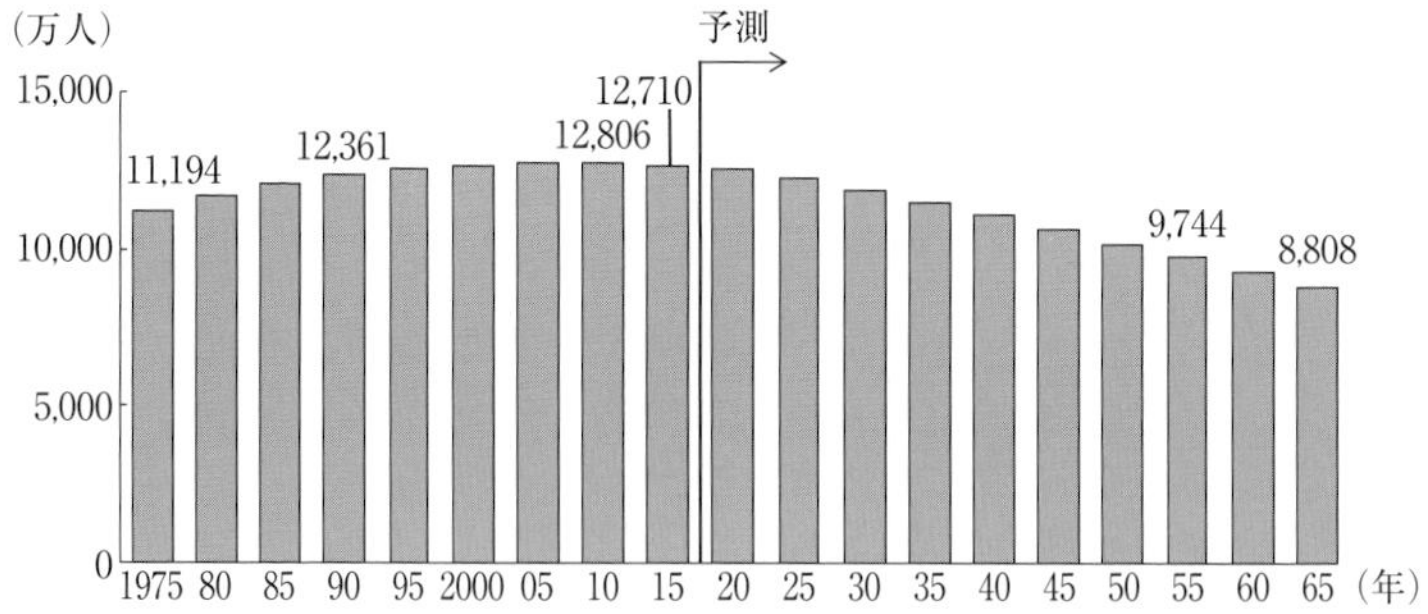

資料：総務省「国勢調査」「人口推計」、国立社会保障・人口問題研究所「日本の将来推計人口（2017年推計）」
（注）人口の予測は出生中位・死亡中位を仮定している。

数や事業所数に比べると緩やかである。もっとも、国立社会保障・人口問題研究所によれば、2055年に日本の人口はついに1億人を割り込み9744万人になるとされている。2020年に比べて22・2パーセント減少する見込みであり、人口減少社会に突入していることは間違いない。

企業数と人口はともに減少傾向にあるわけだが、企業数のほうが減少ペースは速い。単純に考えると、1企業当たりの人口は増えているということになる。個人を相手に商品やサービスを提供するBtoCのビジネスを展開する企業にとって、平成時代はむしろ顧客を獲得しやすくなったように解釈できる。だが、実際はそうではない。消費者のニーズが多様化したことで、顧客を獲得することはむしろ難しさを増しているのではあるまいか。

⑵多様化する顧客ニーズ

平成時代は顧客ニーズが多様化した時代である。論点はたくさんあるが、ここでは代表的なものとして個人に焦点を当て、消費意識と、商品やサービスに関する情報の収集プロセスの二つを採り上げる。

一つ目は消費意識の変化である。野村総合研究所の「生活者1万人アンケート調査」をみてみよう。この調査は日本人の男女1万人を対象に、1997年から3年ごとに行っているもので、大規模で、かつ回答の時系列変化を追えるといった特徴がある。

消費意識に関する各項目ついて「当てはまる」と回答した割合を示したのが図－3である。「とにかく安くて経済的なものを買う」と回答した人の割合は、2000年（平成12年）調査では50パーセントだったが、年を追うごとに低下し、2018年（平成30年）調査では34パーセントと、16ポイント低下している。他方、回答割合が上昇している選択肢もある。2000年調査と比べて回答割合の上昇幅が大きい項目を順に三つ挙げると「自分のライフスタイルにこだわって商品を選ぶ」（23パーセントから32パーセント）、「安全性に配慮して商品を買う」（29パーセントから36パーセント）、「自分の好きなものはたとえ高価でも貯金して買う」（16パーセントから23パーセント）である。商品・サービスを選ぶ際に、価格の

図-３　消費者の価値観の移り変わり

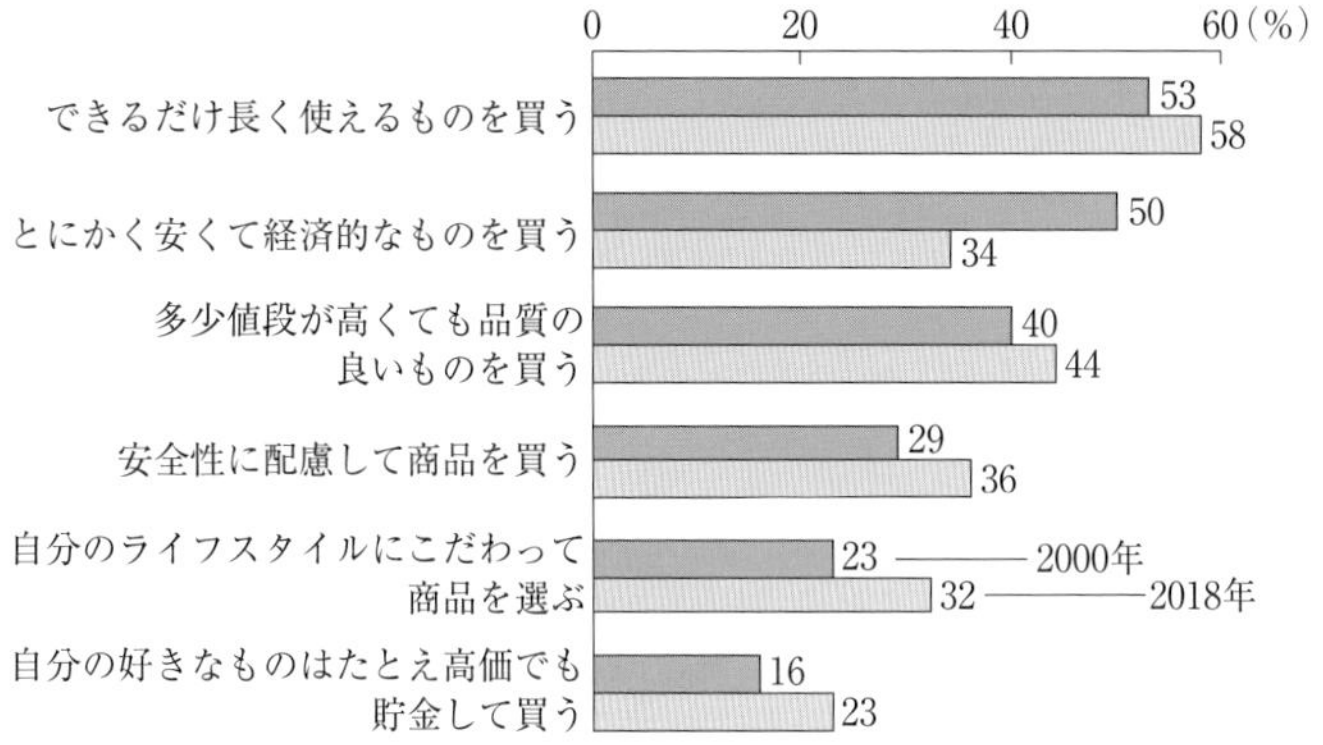

資料：野村総合研究所「生活者１万人アンケート調査」
（注）複数回答のため、合計は100パーセントを超える。

安さを重視する消費者が減少し、自分のライフスタイルや嗜好《しこう》に合うかどうかを重視する消費者が増加していることがわかる。野村総合研究所（２０１９）は、消費スタイルの二極化が進んでいると指摘する。

消費意識の変化に拍車をかけたのがインターネットやスマートフォンに代表されるテクノロジーの進化であろう。総務省「通信利用動向調査」によると、過去1年間にインターネットにアクセスした経験がある人の割合は１９９７年（平成9年）では9・２パーセントだったが、２０１８年（平成30年）には79・８パーセントまで上昇した。インターネットは仕事や日々の生活に必要な情報を収集する主要な手段になりつつある。また、インターネットをより手軽に使えるようにしたのがスマートフォンである。同じ調査によると、スマートフォンの世帯保有率は２０１８年に79・２パーセントとなっている。スマートフォンの先駆け的存在ともいえるｉＰｈｏｎｅが初登場したのが２００８年（平成20年）であることを考えると、スマートフォンは平成後半にかけて爆発的に普及したといえる。この結果、商品やサービスの情報収集の仕方も多様化した。野村総合研究所（２０１９）が「デジタル情報志向」と形容するように、マスメディアではなく評価サイトやブログといったデジタルメディアを利用して、より自分に合った逸品にたどり着こうとする人が増えているのである。逆に考えれば、企業に誘導されるのではなく、顧客自身が自分にフィットする商品やサービスを選び出す時代になったともいえる。

価格の安さが購入の決め手にならない。自分のスタイルに合ったものをとことん探す。一筋縄で捉えきれない顧客ニーズの顕在化は、経営資源の制約からスケールメリットの追求によるコストダウンや大規模プロモーションを展開しづらい小さな企業にとっては、むしろ好都合といえそうである。

また、ここでは個人を対象に分析をしてきたが、企業についても同様の変化を指摘できる。例えば価格が高いか安いかだけではなく、環境に配慮しているか、男性も女性も活躍しているか、そして国連が掲げるSDGs（持続可能な開発目標）に配慮しているかなど、社会の課題に向き合う姿勢を重視して取引先を選ぶ動きも出てきている。企業間取引においても、取引先の選定基準が一律でなくなってきているのである。

このように顧客のニーズは多様化している。では、何らかのルートをたどって自社を選んでくれた顧客に対して、商品やサービスの提供側である企業はどう接していけばよいのだろうか。次節からは、「選ばれる企業」の分析を通じて考えていくことにしよう。

3 立ち位置によって異なる「選ばれる企業」の条件

企業と顧客の関係は、顧客が企業の提供する商品やサービスを選び消費するところから始まる。カウンター越しに接客するすし店のように提供者と消費者が近くにいるケースもあれば、オンラインストアのように提供者と消費者が離れているケースもある。企業間取引においても、飲食店に対してほぼ毎日食材を届ける卸売業者もいれば、年に1回会うだけの設備業者もいる。このように、ビジネスモデルや接触頻度によって企業と顧客の「距離」は変わってくるわけだが、「選ばれる企業」になりやすい、あるいはなりにくい距離感はあるのだろうか。先ほどの例でいえば、すし店は顧客との距離が物理的に近いぶん、関係が深まりやすそうな半面、近すぎて落ち着かないと顧客に感じられてしまうこともありそうである。オンラインストアであれば顔が見えないぶん不安を感じる人もいれば、反対に本音をぶつけやすくなるから、心理的な距離は縮まると感じる人もいるだろう。こう考えると、企業と顧客の距離感と選ばれやすさの間には必ずしも決まった関係はないのかもしれないが、距離感によって気をつけるべきポイントはありそうである。そこで本節では、企業と顧客の距離に注目して事例企業を分析する。顧客との距離を考えるうえで、ここでは「ユーザーの範囲」と「商圏の範囲」を切り口にする。

「ユーザーの範囲」とは、企業が取り扱っている商品やサービスの内容が一般的かどうかを示している。誰もが想像しやすい事業内容であれば「マス」と呼ぶことにする。一例を挙げれば汎用部品をつくる自動車部品製造業や、和洋中を問わず料理を提供するファミリーレストランなどが当てはまる。他方、「マス」の反対概念を「ニッチ」と呼ぶことにする。同じ自動車部品製造業であっても電気自動車に特化している場合や、レストランであっても特定の地域の郷土料理だけを提供するような場合は「ニッチ」に当てはまる。

「商圏の範囲」とは、換言すれば企業と顧客の地理的距離である。全国の人や企業をター

図－4　セグメント別にみた「選ばれる企業」の立ち位置

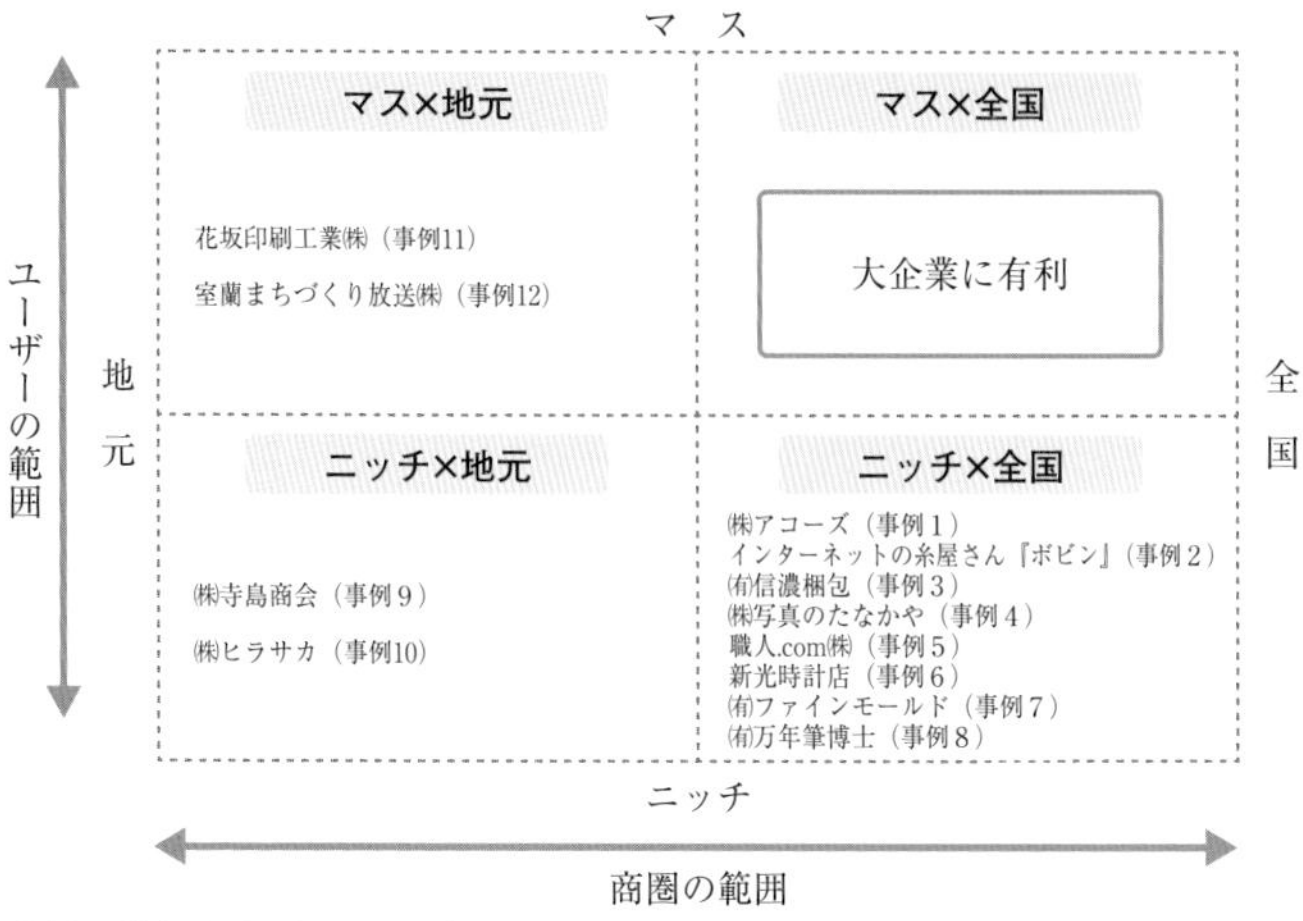

資料：筆者作成（以下同じ）

ゲットとしている企業は「全国」に当てはまる。他方、「地元」は自社の近隣にいる人や企業をターゲットとしている企業が当てはまる。

この二つの切り口でマトリックスをつくると、図－4のように四つの象限ができる。右上の第1象限は「マス×全国」である。ここは大衆が求める商品やサービスを全国で展開する、つまり市場規模が最も大きいセグメントであるため、たくさんの企業が参入してくる。顧客からすれば選択肢が多くなるわけだが、商品やサービスの提供側からすると、選ばれるための競争に勝たなければならない。しかも全国規模で戦うわけだから、有利になるのは経営資源の豊富な大企業である。

もちろん小さな企業のなかにも、全国の食通が集まる料理店やオンリーワンの技術力をもつ自動車部品サプライヤーなど、大企業を凌駕《りょうが》するようなとがった力をもち「マス×全国」のセグメントで活躍する企業も存在するわけだが、本調査が注目したいのは、企業の独自性や新奇性というよりも顧客と関係を維持するプロセスである。本調査の事例企業は次に紹介する三つのセグメントに属しており、「マス×全国」での競争をうまく回避している。それでは、「ニッチ×全国」「ニッチ×地元」「マス×地元」それぞれのセグメントで、「選ばれる企業」はどのような取り組みをしているのだろうか。順にみていこう。

(1) ニッチ×全国

ニッチとはもともと生物学の用語で、生きる場所・環境という意味をもつ。転じて経営の世界では競合が少ない市場、規模の小さな市場といった文脈で使われることが多い。そもそも小さな企業は、大手が参入しにくいニッチな市場を好んで選び存在感を発揮しているケースが多い。だが、ニッチであるがゆえに市場規模は小さく、拡大することも考えにくい。ニッチな市場に身を置いたなら、既存の顧客をつかんで離さないことがポイントになる。

インターネットの糸屋さん『ボビン』（市平信司代表、宮崎県都城市、従業者数８人、事例2）は、ミシン糸の卸売業からスタートし、2000年からはオンラインストアを立ち上げて小売業に進出した手芸店である。ミシン糸とファスナーに特化した品ぞろえが特徴である。

一般的な手芸店は、ミシンや生地など裁縫道具の全般を取り扱っていることがほとんどだ。ミシン糸とファスナーだけで事業が成り立つのかという疑問が湧くが、販売先は全国各地の縫製工場から手芸好きの個人まで幅広い。オンラインストアに会員登録している顧客の数は全国に約7万7000人、このうち2万5000人がメールマガジンの読者である。この2万5000人は日常的に店の動きをチェックしている客、いわば常連客である。

なぜ、全国にこれだけの常連客がいるのだろうか。ポイントは二つある。一つ目は、取扱商品の量だ。ミシン糸のストックは全国随一で、つなぎ合わせると約2億キロメートルに達するという。種類も豊富で基本的にすべての色と番手（太さ）をそろえている。例えば、ミシン糸の定番であるキングスパン60番は全部で417色あるのだが、同店はこれらをすぐに出荷できる態勢を整えている。大手の手芸店ですらメーカー取り寄せになるような代物もすぐに手に入るのだそうだ。このようにマイナー商品をすぐに買える利便性が、手芸の上級者をひきつけている。さらにこうしたユーザーがネット上で店のことを高く評価する。発言力があり、信頼度の高い上級者のコメントに手芸の初心者も吸い寄せられる好循環が生まれている。

もう一つのポイントは、接客である。顧客のなかに手芸初心者が増えると、商品に関する基礎的な問い合わせが多く寄せられるようになった。オンラインストアは少人数で運営しているので個別の問い合わせへの対応は現場の負担を増やすことになるのだが、『ボビン』では代表の市平信司さんが1件ずつ丁寧に対応する。「ミシンを買ったもののどの糸を使えばよいかわからない」という相談に乗ることもある。市平さんによると、手芸初心者は必要以上に多くの糸を買いそろえようとする傾向があるという。売る側からすればたくさん購入してくれるほうがありがたいはずだが、市平さんは購入量の減量を提案する。まずはミシンに慣れてもらい手芸を好きになってもらう。そしてステップアップしていきながら長く付き合っていくことを目指しているのだ。親身な接客はネット上で「神対応」として広まっていった。顧客が同店に寄せる信頼は厚く、ネット販売のプラットフォーム業者からたびたび優良ショップとして表彰されている。

インターネットの糸屋さん『ボビン』は、マイナーなミシン糸やファスナーを取りそろえ、インターネットを活用することで全国にいる手芸の初心者から上級者までを取り込んだ。もちろん品ぞろえだけでは顧客は定着しない。ここで利いているのが長期的な視点に立った接客だ。手芸上級者の利用が多いオンラインストアなのに初心者にも親身に対応してくれるというギャップに顧客は心を奪われるのである。市場規模が大きくないからこそ、顧客の一人ひとりを大切にしなければいけない。こうした思いが伝わってくる事例である。

⑵ニッチ×地元

インターネットは多くの企業にとって商圏を広げるチャンスをもたらした。だが、自社の商圏が広がるということは、自社のテリトリーに他社が参入してくることでもある。必然的に競争が起こることになる。

こうした動きとは反対に、ニッチのなかでもさらに狭い市場で事業を展開している、知られざる「選ばれる企業」というべき企業が存在する。この「ニッチ×地元」セグメントに属する企業は、顧客と一心同体ともいえる関係を築いている。これは言い換えれば依存度が高まりやすいということでもある。顧客の業績が悪化したり、あるいは何らかの理由で顧客が離れたりすると、そのあおりを受けることになる。「ニッチ×地元」にいる「選ばれる企業」はこうしたリスクを念頭に置いておく必要がある。

㈱ヒラサカ（今井浩之社長、香川県小豆郡小豆島町、従業者数４人、事例10）は１９７０年に誕生した香川県の小豆島にある食品製造機械の修理・販売業者で、小豆島の名産品の一つであるそうめんづくりを、地元密着で支えてきた。そうめんづくりは、生地づくりや成型、切り分けといった工程を1日で一気に行う。効率良く生産を進めるにはそれぞれの工程で使う機械が安定して動くようにする必要がある。機械が壊れてから修理していたのでは機会損失が発生してしまう。このため、そうめんづくりが始まる秋からピークを迎える冬の終わりにかけて、同社は24時間体制でそうめん製造業者の依頼に応える。時間が勝負なので十分な見積もりができず、結果的に赤字になってしまう仕事もある。それでもあらゆる注文にもいやな顔一つせず対応し、難しい修理もやってのける今井浩之さんには、そうめん製造業者が絶大な信頼を寄せる。

もっとも、同社の顧客の経営環境は年々厳しさを増している。小豆島のそうめん製造業者は30年間で半減してしまったのである。これは市場規模が半分になったことを意味する。今井さんは新しい分野に進出する必要性を感じていた。これまでの修理経験から技術力には自信はあったが、人手不足から営業活動まで手を回すことができずにいた。こうした今井さんに救いの手を差し伸べたのは、長く付き合ってきたそうめん製造業者たちであった。小豆島はそうめん以外にもオリーブオイルやしょうゆなどの生産も盛んな地域で、食品製造業者の数が多い。食品製造業者同士の交流があることは容易に想像がつく。こうした場で、そうめん製造業者が今井さんの腕の良さをほかの食品製造業者にアピールしてくれたのである。食品ごとに生産の繁忙期は違うから、そうめんづくりのオフシーズンに別の仕事を引き受けられるようになり、人手を増やすことなく売り上げを伸ばすことができたのである。この結果、同社の持続可能性は高まり、今井さんは引き続きそうめんづくりを支えることができている。

24時間態勢でそうめんづくりを支える同社はまさに、地元ならではのニーズを取り込むことで存在感を発揮している。もっとも、今井さんは取引先の減少を目の当たりにして、これまでと同じやり方を続けていてはいずれ自社も立ち行かなくなるという問題意識を抱いていた。自分の技術力を高め、別の分野でも生かせないかと考えていたところにチャンスをもたらしてくれたのは、今井さんを支持するそうめん製造業者たちだった。本気で顧客を一番に考える姿勢が、既存の顧客を通じて新たな事業者に広がった結果、今井さんは特定の業界に依存するリスクを軽減できている。

「ニッチ×地元」という小さな市場に属している企業は、そこでの活躍ぶりをいくら自分でＰＲしても、域外にはその凄さが伝わりにくい。今井さんはそうめんづくりのプロたちの力強い後押しで、新たな顧客と関係を築くことができた。技術力の高さもさることながら、企業と顧客（ここではそうめん製造業者）の依存度が高いことをお互いにわかっているからこそ、支え合う意識が強く働くのかもしれない。なお、「ニッチ×地元」を立ち位置とする企業として本調査では㈱ヒラサカ（事例10）のほか㈱寺島商会（寺島達則社長、北海道函館市、従業者数11人、事例９）を取材したが、両社は自社ホームページをもっていない。インターネットが当たり前の現代にあって、それを活用しないで活躍している小さな企業もいるのである。

(3) マス×地元

ここまでみてきた事例はいずれもニッチな分野で存在感を発揮している企業であった。小さな企業はニッチに目を向けることで大手やライバルとの競争を回避しようとするわけだが、小さな企業のすべてがニッチな商品やサービスを提供できるわけではない。ライバルがたくさんいる市場で勝負している企業のほうが圧倒的に多いはずである。厳しい競争を勝ち抜き、顧客に選ばれるためにはどうすればよいのだろうか。「マス×地元」のセグメントで輝く小さな企業の取り組みをみてみよう。

花坂印刷工業㈱（花坂雄大社長、岩手県宮古市、従業者数8人、事例11）は明治末期創業の業歴100年を超える印刷業者である。宮古市やその近くの山田町など三陸沿岸部を営業エリアとしてきた。企業のポスターやチラシ、伝票や請求書といった帳票類などのほか、自主発行の広報誌として、地元企業の宣伝や求人情報などを掲載した月刊誌『マロウド』を発行している。

創業以来、地元の顧客と共存することをモットーにしてきたが、東日本大震災後、社長に就任した花坂雄大さんは「地元に密着しきれていない」と痛感したという。というのも、震災後、企業の安否情報をマロウドに載せるため地元の事業者を一軒ずつ訪ね歩いたのだが、そこで聞く話は初耳のことばかりだったからだ。

次の100年も印刷会社として生き残っていくためにはもっと地元のことを知る必要がある。こう考えた花坂さんは営業エリアを見直すことにした。具体的には宮古市内だけに絞ったのである。顧客の数は減るが、近所の事業者ばかりになるので、手厚い営業活動ができるようになる。実際、地元の農産物直売所からの依頼で商品の販促ポスターをつくったときは、何を売り込むのかといった企画段階から関与し、豆腐田楽という新たな売れ筋商品の誕生をサポートした。広報プロデュースは印刷単体の仕事と違って価格競争になりにくく、付加価値を高めやすい。商圏を絞り、顧客との接触を密にしたからこそ採れた戦略といえる。

地元に精通したいという思いは、顧客とのやりとり以外にも及んでいる。花坂さんは政府がインターネット上で公開するＲＥＳＡＳ（地域経済分析システム）を用いて宮古市の産業別労働人口や労働生産性のデータを調べ、主幹産業の一つである水産業の労働生産性が低いことを突き止めた。労働生産性の向上に広報の力を活用し、地元を盛り上げようと呼びかけたところ、いかそうめんをメインにつくる水産会社がタッグを組もうと手を挙げてくれた。「三陸王国イカ王子」というブランドを立ち上げて販売を開始した「王子のぜいたく至福のタラフライ」は、水揚げされたマダラを２４時間以内に切り分けて骨を抜き、パン粉をまぶして冷凍したものである。鮮度の高さと油で揚げるだけで食べられる手軽さが受けて、瞬く間に注目の商品となった。さらに有名タレントが全国放送のテレビ番組でこの商品を紹介した結果、全国から注文が殺到するようになった。同社は商品の包装ラベルやポスター、チラシなどが収益源になるため大幅な増収とはなっていないが、地元・宮古の知名度を高めることに貢献している。

東日本大震災は甚大な被害をもたらした。もちろん、花坂印刷工業㈱も例外ではない。仮に、事業を立て直すため多くの仕事を求めて岩手県全域や東北地方などに営業エリアを広げていたらどうなっていたか。狙いどおり仕事をたくさん受注できたかもしれないが、ライバルとの競争に敗れてしまっていたかもしれない。花坂さんは宮古市に営業エリアを限定する道を選び、戦略を立てやすい局地戦にシフトしたのである。この結果、100年以上にわたって宮古市に根付いてきた「地元愛」が市場を深掘りする大きな武器となって、豆腐田楽やタラフライという新たな逸材を発掘した。同社は広報プロデュースという付加価値の高い仕事を担うことができたのである。

小さな企業は地元のことは何でも知っているようなイメージがあるが、まだまだ知らないこともある。周囲から「何をやっている企業なのだろう」と思われている可能性だってある。地元を見つめ直すことで自社の輝ける場所が見えてくる。そこに経営資源を振り向けたとき、企業は地元にとってかけがえのない「選ばれる企業」になる。

(4) セグメントごとにみた「選ばれる」ポイント

ここまで、「商圏の範囲」と「ユーザーの範囲」から企業と顧客の距離を四つに分類し、三つのセグメントで「選ばれる企業」になった3社の姿をみた。これまでの分析を踏まえる

図-5　セグメント別にみた「選ばれる企業」になるためのポイント

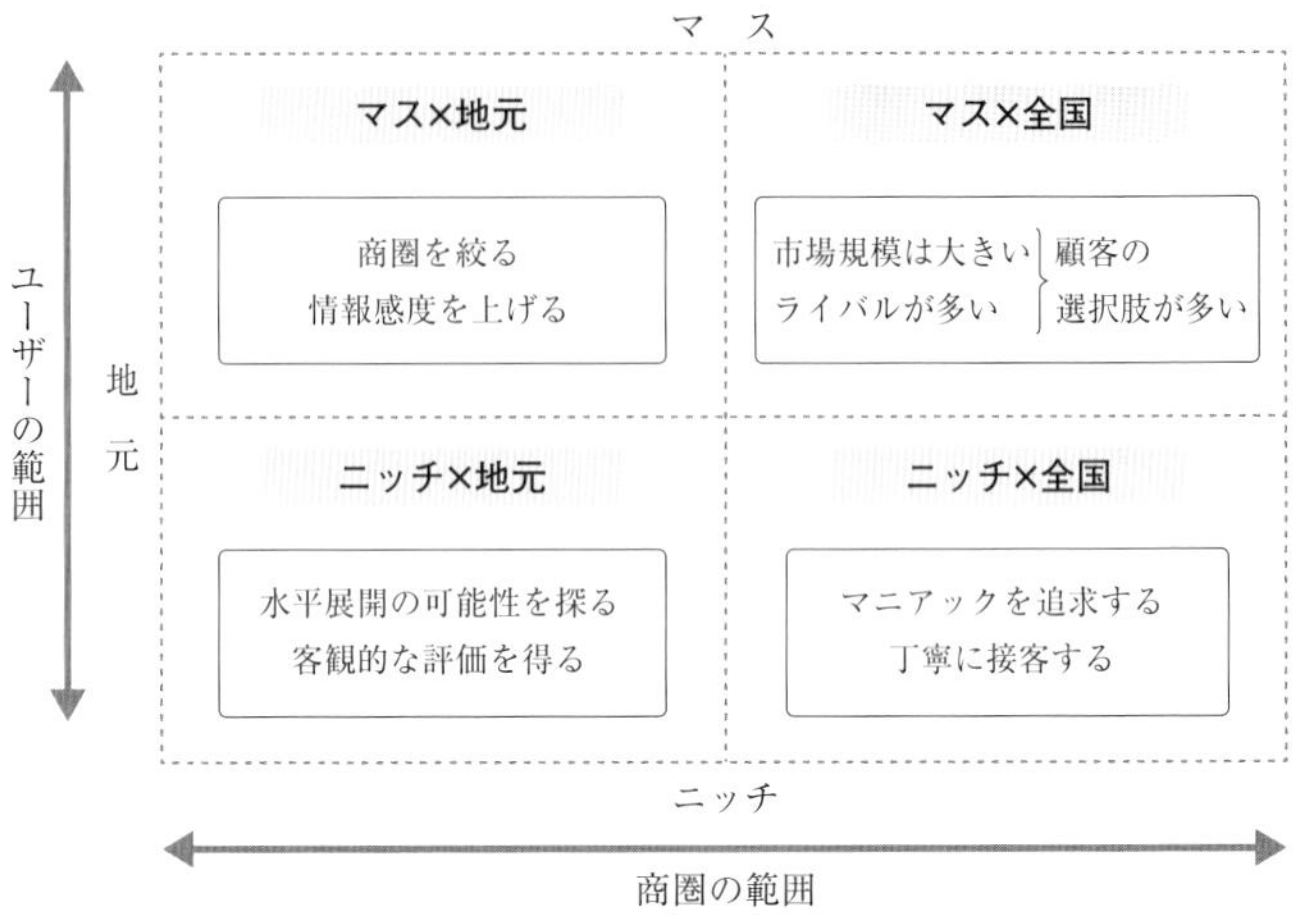

と、「選ばれる企業」になるうえで特に押さえておきたいポイントは図-5のようにまとめられそうである。

①「ニッチ×全国」企業：マニアックさと丁寧な接客

まず「ニッチ×全国」セグメントで「選ばれる企業」になるには、「マニアックを追求する」ことと「丁寧に接客する」ことがポイントになる。ここでいうマニアックとは専門性のことである。これは比較的わかりやすいのではないだろうか。マニアックであることが顧客をひきつける最大の要素であるからだ。このセグメントに分類した事例企業8社の取り組みを簡単に整理したのが表の(1)（本節の最後の31ページ参照）である。インターネットの糸屋さん『ボビン』（事例2）の場合、ミシン糸とファスナーに特化することで手芸の上級者をひきつけている。職人．ｃｏｍ㈱（櫻井慎也社長、京都府京都市、従業者数３人、事例５）は、日本の伝統技術や職人の手仕事によってつくられた包丁や土鍋などのキッチン用品や、高級感あるバッグやヘアブラシといった生活雑貨を社長が厳選して販売している。これによって普段使いの品物だからこそこだわりたいと考える意識の高い顧客を捉えている。㈲ファインモールド（鈴木邦宏社長、愛知県豊橋市、従業者数９人、事例７）は、プラモデル通の社長が自ら厳選したプラモデルを商品化、プラモデルマニアが反応する構図が出来上がっている。

どの企業もマニアックな姿勢が前面に出ているわけだが、これは他社との差別化を図る要素であると同時に、経営者の思いを如実に示す材料にもなっている。小さな企業は大企業に比べて経営者と顧客との距離が近い。つまり顧客からよく理解されていると思われがちなのだが、現実はそうではない。むしろ小さな企業では広報・マーケティング活動が小規模にとどまるぶん、顧客に知ってもらう機会は少ない。こうした弱点を補い、顧客との距離を一気に縮められるのがマニアックという要素なのである。経営者の人となりが事前にわかるから、相性の良さを感じた顧客だけを自然に集めることができるのである。

マニアックさを引き立て、顧客を魅了するレベルにもっていくのが「丁寧に接客する」ことである。「ニッチ×全国」のセグメントにいる「選ばれる企業」は確固たる信念をもってわが道を進んでいる。だからといって、顧客を置いてきぼりにはしない。一見相反しそうな二つのベクトルを両立しているのである。山川（２０１８）は自らの路線を貫く強烈な個性には熱狂的なファンがつきやすいと指摘する。カリスマ性が重要な役割を果たすのはもちろんなのだが、それだけでは顧客との関係は維持できない。マニアックな個性に謙虚な姿勢を併せもつことで、カリスマ性は輝きを増すのである。顧客に芽生えた愛着を育てていくには相手の声を傾聴する姿勢が大切と、佐藤（２０１８）も指摘している。

②「ニッチ×地元」企業：水平展開の可能性と客観的評価の獲得

次に、「ニッチ×地元」セグメントで「選ばれる企業」になるには、「水平展開の可能性を探る」ことと「客観的な評価を得る」ことがポイントになる（前掲図Ⅰ-5）。市場規模の狭いこのセグメントならではの特徴として、一部の顧客に対する依存度が高くなりやすいことと、企業の存在や事業内容そのものが市場の外から見えにくいことを指摘した。すでに太い絆で結ばれた顧客はいるのだから、こうしたリスクに対処できれば「選ばれる企業」として存続していくことが可能になる。

例えば食品製造機械の修理を手がける㈱ヒラサカ（事例10）は、メインの顧客であるそうめん製造業者の数が減少傾向にあることを認識し、ほかの食品製造業への進出機会を探っていた（後掲表⑵）。こうした方針を採れたのは、機械の種類を問わずさまざまな修理の依頼に柔軟に対応してきたからだ。つまり、食品製造機械全般に関する知識やノウハウを身につけてきたからこそ、水平展開の可能性を模索できるようなったのである。

水平展開とは必ずしも異なる業界への進出ばかりではない。同じ業界内でも、顧客のニーズは微妙に変わる。まさに顧客のニーズの多様性なのだが、細かな違いに対応することでも、自社のノウハウを水平展開できる。北海道函館市で昆布製造に使う専用の洗浄機や乾燥機を製造している㈱寺島商会（事例9）は、産地や品種によって昆布の大きさや厚みが異なることに着目し、昆布の種類に合わせて機械の仕様を変えられるようにした。この結果、本拠地である北海道の南部だけではなく、日高町や羅臼町など北海道の中央部や東部にも取引先を広げた。同じ道内とはいえ函館市と羅臼町は700キロメートル弱離れているし、太平洋側かオホーツク海側か日本海側かで昆布の育ち方や収穫の時期も変わる。昆布生産者とひとくくりにせず、顧客のニーズを細かく捉えることで、水平展開のチャンスがみえてくる。

狭い世界に身を置いていると、身につく知識やノウハウはどうしても専門的になっていく。自社の独自性を高められるという点では重要であるが、井の中の蛙になってしまう危険も伴う。自社ならではの知識やノウハウを外部でも生かせないかを意識することも重要といえる。

水平展開の可能性を高めるために欠かせないのが「客観的な評価を得る」ことである。せっかく優れた技術やノウハウをもっていても、市場がマイナーであるがゆえに、どれだけ自己ＰＲしてもその良さが外部に伝わりにくいからである。㈱ヒラサカ（事例10）の場合、メインの顧客であるそうめん製造業者が媒介役となって、小豆島の食品製造業者全体に技術力の高さが広まっていった。昆布の洗浄機と乾燥機を製造販売する㈱寺島商会（事例９）は、北海道の産業振興局の目に留まったことが契機になって、取引関係がより広がっている。高い専門性を評価してくれる存在がいることで水平展開がしやすくなり、依存リスクが緩和される。この結果、顧客と企業の間にある共存共栄の関係が持続しやすくなる。

③「マス×地元」企業：商圏を絞り情報感度を上げる

そして、「マス×地元」セグメントで「選ばれる企業」になるには、「商圏を絞る」ことと「情報感度を上げる」ことがポイントになる（前掲図Ⅰ－５）。商圏を絞ることは、既存の取引関係を見直すことになるから、経営判断がしにくいかもしれない。だが、商圏を絞ることでライバルの数は減るし、小さな企業ならではの小回りの良さがいっそう引き立つことになる。花坂印刷工業㈱（事例11）は、顧客1件当たりの接触頻度を増やして広報プロデュース業に専念するようになった結果、付加価値が高まった（後掲表⑶）。これらの仕事は外からみてもわかりやすい実績になっているし、顧客との関係を強固なものにすることにもつながっている。

もっとも、商圏を絞っただけでは「選ばれる企業」にはなれない。絞ったぶん深掘りする必要がある。そのためには顧客との接触を増やし商圏にある情報を収集する、「情報感度を上げる」姿勢が欠かせない。例えば花坂印刷工業㈱（事例11）は、顧客1件当たりの接触頻度を高めているし、自社制作の地域広報誌は地元の情報を効率良く収集できるうまい仕掛けである。

インターネットやSNSが普及している今、地元の情報は簡単に集められそうな気もするが、直接対話を重ねることも重要だ。これを教えてくれたのが、北海道室蘭市でコミュニティFMを運営する室蘭まちづくり放送㈱（沼田勇也社長、北海道室蘭市、従業者数12人、事例12）である。社長の沼田勇也さんは開局に当たり地元の家庭を1軒ずつ回り、小口の協賛金を募っていった。協賛金を手っ取り速く集めるなら地元の大企業や中堅企業にお願いしてスポンサーになってもらうほうが良さそうだが、沼田さんは、住民と膝を突き合わせるほうが、長い目で見たときに得策と判断した。このときの苦労があったからこそ、リスナー一人ひとりと関係を構築することができ、鮮度の高い地元の情報を集めやすくなったそうだ。情報感度を上げ深掘りすることでより多くの顧客をひきつける。マスメディアの代表格ともいえるラジオ局であるが、地元に根差すために草の根の活動を大切にしているのである。

本節では、企業と顧客の「距離」に注目し、企業と顧客の距離感によってそれぞれ気をつけるべきポイントはあるのだろうかという観点から議論を進めてきた。続く第4節では、「選ばれる企業」に共通するポイントを明らかにしていきたい。

表 「選ばれる企業」の取り組みのポイントとその具体例

(1) ニッチ×全国

企業名	マニアックを追求する	丁寧に接客する
㈱アコーズ	活動量計の精度を高めるため、従業員全員が自社製品を使う。	注文に応じて設計や仕様を一から検討している。
インターネットの糸屋さん『ボビン』	ミシン糸とファスナーに特化している。	「ときには売らない」など、顧客のニーズを丁寧にくみ取っている。
㈲信濃梱包	世界中からロープクライミングの道具を取り寄せている。	道具の販売だけでなく、正しい使い方を学べる講習会を開催する。
㈱写真のたなかや	履歴書用の写真に特化している。	就活の目標を聞きアドバイスやエールを送る。
職人.com㈱	職人の手仕事によってつくられた日用品だけを取り扱う。	商品のストーリーが伝わる動画を作成する。
新光時計店	時計メーカー各社について調べ上げた資料を顧客に渡している。	修理した時計すべてに直筆の手紙を添える。
㈲ファインモールド	プラモデル通の社長が欲しいプラモデルだけを製造する。	完成度に対する指摘に素直に対応、金型からつくり直すこともある。
㈲万年筆博士	600以上にわたる万年筆づくりの工程をすべて手作業で行っている。	顧客の書き癖を丁寧に観察する。

(2) ニッチ×地元

	水平展開の可能性を探る	客観的な評価を得る
㈱寺島商会	産地ごとに違う昆布の特性を理解し製品の仕様に反映している。	第三者が主催するイベントや勉強会で講師を務める。
㈱ヒラサカ	そうめん以外の食品製造業界へ進出を目指している。	食品製造業者が技術力を高く評価している。

(3) マス×地元

	商圏を絞る	情報感度を上げる
花坂印刷工業㈱	東日本大震災を機に、営業エリアを宮古市内だけにしている。	地域の情報を集めた広報誌を自社制作している。
室蘭まちづくり放送㈱	地元の世帯を一つ一つ回り協賛者になってもらっている。	リスナーとじかに接することのできるイベントを開催する。

4 「選ばれる企業」にある五つの共通点

前節では、立ち位置によって「選ばれる企業」になるための条件があることを示した。これらの条件に加え、「選ばれる企業」の取り組みを観察していくと、五つの共通点があることを指摘できる。順にみていこう。

(1)顧客を選んでいる―顧客対応の方針と経営者の姿勢で示す―

企業にとって望ましいのは、一度取引した顧客の全員が常連客になってくれることである。だが、これは現実的ではない。ほとんどの企業にはライバルがいるからである。他社との取引にメリットがあると顧客が判断すれば、取引関係は継続しないことになる。企業はこうした事態を避けるために顧客をつなぎとめようとするわけだが、経営資源に制約のある小さな企業がすべての顧客につなぎとめ策を講じるのは、限界がある。常連客になってくれそうな顧客を見出し、その相手に対してつなぎとめ策を講じるほうが効率的といえる。実際「選ばれる企業」をみると、常連客を見極める選球眼や仕掛けのようなものがある。例えば、前節で紹介したインターネットの糸屋さん『ボビン』（事例2）は、顧客からの問い合わせ内容から上級者か初心者かを見極めて、常連客になってもらえるように導いている。これは経営者が直接接客する経験を積んできたなかで培われた選球眼だろう。経営者が顧客対応に当たるのは小さな企業ならではといえる。時間も労力も必要になる営業活動には従業員を充てて、自らは経営に専念したいと考える経営者もいるかもしれないが、顧客対応の方針を決めておくこと、場合によってはそれを自ら実践することの重要性は今一度、認識しておきたいところである。

もう一つ、経営者の仕事に向き合う姿勢も顧客を選ぶ鍵になる。前節でみた「ニッチ×全国」企業のように、経営者のマニアックさが顧客の感性を刺激してファンを生み出している企業は多い。事業に対する経営者の姿勢そのものが顧客を選ぶ選球眼としての役割を果たしているのである。経営者の選球眼はその人の個性によって形づくられる。

㈱写真のたなかや（鈴木克明社長、神奈川県川崎市、従業者数30人、事例4）は、四つの撮影スタジオをもつ写真館である。七五三や成人式、結婚式などの記念写真や証明写真の撮影を行っている。特徴的なのは証明写真の撮影目的で来店する顧客が多いことである。受験票や就職活動の履歴書に貼るため、全国から顧客がやってくる。新幹線や飛行機を使って日帰りで撮影に来る人もいるという。受験票であれば自動証明写真機を使った写真でも十分に通用しそうだし、履歴書用の写真についてもデジタルカメラや画像補正ソフトの性能が上がっていることを考えると、わざわざ遠方の写真館まで足を運ぶ必要性はなさそうに思える。にもかかわらず全国から顧客が集まってくる理由は、社長の鈴木克明さんと妻の寄里枝《よりえ》さんの接客姿勢にある。

カメラマンには光の当て方や構図の取り方などの技術だけではなく、限られた撮影時間で被写体の魅力を引き出すコミュニケーションのうまさも求められる。例えば履歴書用の写真を撮影する場合、撮影前に寄里枝さんが模擬入社面接を行う。志望動機や将来の目標を語ってもらうのである。回答があいまいだったり熱意が伝わってこなかったりすると、寄里枝さんは「わたしなら不合格にするよ」と容赦なくコメントする。

初対面の相手に、しかもお金を払っているのに怒られるのは良い気がしない人もいるだろう。だが、本番を想定したやりとりをイメージさせることで、被写体の本気の表情を引き出そうというのが鈴木さんのやり方なのである。就職活動の成功を本気で祈っているからこそ、時に厳しく接することもある。撮影後は「一念、信念、執念」と書いた袋に入った鉛筆をプレゼントする。本番当日にこの袋を見て自らを奮い立たせてほしいからだそうだ。後日、顧客から「合格しました」「アドバイスのおかげで面接がうまくいきました」といった手紙が多数寄せられるという。わざわざ写真館に合格や就職を報告する人がいるということは、顧客が経営者の姿勢に魅了されていることを示している。

個人を顧客とするＢｔｏＣのビジネスでは、経営者の姿勢が顧客を選ぶうえで大きな役割を果たす。法人を顧客とするＢｔｏＢのビジネスでも経営者の姿勢は重要なシグナルになる。経営者の姿勢が顧客に伝播《でんぱ》して、新たな顧客を誘っている象徴的な例を挙げよう。

㈱アコーズ（佐々木邦雄社長、長野県飯田市、従業者数12人、事例1）は、歩数やカロリー消費量などを測る活動量計をつくっている。国内でも数少ない活動量計専門メーカーとして、大手メーカーから医療施設、公共機関など全国に取引先をもつ。営業担当者がいないにもかかわらず、社長の佐々木邦雄さんのもとには相談事がひっきりなしに舞い込んでくる。既存の取引先が新たな取引先を次々と連れてくるからである。

同社は創業時から大手精密機械部品メーカーでセンサーを研究していた人たちが集まってできた企業である。高い技術力が評価され、創業から間もなくして活動量計のＯＤＭ先として、ヘルスケア業界の大手から生産を受託してきた。ＯＤＭとは、Original Design Manufacturingの略で、製造委託者のブランドで製品を設計・生産することを意味する。生産だけを請け負うＯＥＭ（Original Equipment Manufacturing）とは違い、設計段階から関与することになるため、佐々木さんには活動量計に使えそうな最新のテクノロジーやノウハウ、活動量計の新規開発ニーズなどの情報が常に集まってくる。もっとニッチな用途の活動量計はつくれないかというニーズがあるのだ。こうしたニーズは主に製品の販売元に持ち込まれるのだが、需要が限られるため大手は経営資源を投入しにくい。そこでＯＤＭを担う同社に案件が持ち込まれるのである。

それらの案件は実現可能性の高いものばかりである。紹介する側も活動量計のプロだからである。同社が開発した、足腰のリハビリに取り組む患者の歩行を正確に測定する専用の活動量計や、犬や猫の動きを捉える気圧センサー付きの小型の活動量計はいずれも、顧客の相談から生まれたヒット商品である。これら商品のヒットは顧客の信頼を高めるとともに、新たな顧客を紹介してくれるきっかけにもなっている。

同社はＯＤＭで頭角を現した企業である。企画段階から顧客と何度も打ち合わせを重ね、希望をかなえるために全力を尽くしてきた。これまでにない開発案件が持ち込まれると、従業員全員が奮い立つのだという。新しいプロジェクトに目を輝かせ、何とか成功させようと奮起する佐々木さんや従業員の本気が顧客に伝わるから、顧客は信頼を寄せることができ、ひいては「誰かに紹介したい」という行動につながるのである。顧客を選ぶという点で、既存の顧客から新たな顧客を紹介してもらうことは確実性の高いルートである。このメリットを享受するためには、経営者の事業に向き合う姿勢が大きな意味をもつのである。

(2) 自社をさらけ出す―ライフワークの実践を自分らしく発信する―

「選ばれる企業」の共通点の二つ目は自社をさらけ出していることだ。ここでの「さらけ出す」とは、大企業が取り組んでいるような業績開示やディスクローズ活動ではない。むしろさらけ出しているのは、各企業の経営者がライフワークとして毎日の仕事に取り組んでいる事実である。ライフワークとは、「一生をかけてする仕事や事業、畢生《ひっせい》の仕事」である（『広辞苑第七版』）。経営者なのだから当たり前ではないかと思われるかもしれない。たしかに、小さな企業の経営者は皆、自身の仕事をライフワークだと認識しているはずだ。だが、大切なのは自身が認識することではない。顧客に認識してもらうことなのである。では、どのようにして認識してもらえばよいのだろうか。テクノロジーが進化している現在、顧客に示す手段はバラエティーに富んでいる。ここでは、対照的な二つの事例を紹介しよう。

㈲ファインモールド（事例7）は、旧日本軍の航空機や車両、軍艦などのプラモデルに特化した品ぞろえでプラモデルマニアの支持を集めている。実物を忠実に再現することをモットーにしており、プラモデル化に当たっては実物の設計図が手に入るならば必ず取り寄せる し、設計図が現存していなければ、実物に関する歴史資料を集めて設計図を再現する。資料を探しに海外に出かけることもあるという。設計図が出来上がった後は、自社で金型からつくる。出来上がりに満足できなければ金型からやり直すほどのこだわりようだ。

採算度外視ともいえるプラモデルづくりにこだわるのは、社長の鈴木邦宏さん自身がプラモデルマニアだからである。中学生の頃から戦車や戦闘機のプラモデルをつくるのが好きで、近所の戦争経験者に話を聞いては当時に思いをはせていたという。やがてプラモデル化されていない戦車や戦闘機を組み立てたいと思うようになり、1987年に創業した。

創業のエピソードを知るだけで、ライフワークを実践していることが伝わってくるのだが、鈴木さんはプライベートでもプラモデルに囲まれて生活している。休日は全国各地で開かれるプラモデルのイベントに一般客として参加している。業界の有名人なので、周囲はびっくりするそうだが、本人はまったく気にせず、夢中になってプラモデルを楽しんでいる。

同社が大ヒットアニメ映画に登場する戦闘機のプラモデルを手がけるようになったのも、鈴木さんのプラモデル愛がきっかけだ。大手プラモデルメーカーが商品化をことごとく断られるなか、鈴木さんは映画の監督に会うチャンスを得た。プラモデル化の直談判をする格好の機会となったわけだが、鈴木さんは面会の目的を忘れて戦闘機の開発経緯や活動実績などのうんちく話を延々と続けてしまった。商談に充てた時間はわずかだったそうだが、何とプラモデル化を認めてもらうことができた。プラモデル愛が監督の心をつかんだのである。

顧客とじかに接することができれば、経営者はライフワークを実践していることを伝えやすい。他方、ITを駆使して画面の向こう側にいる人たちに語りかけている経営者もいる。

職人．ｃｏｍ㈱（事例５）は日本の伝統技術や職人の手仕事でつくられたキッチン用品や生活雑貨などをインターネット販売している。自社で運営しているオンラインストア「職人．ｃｏｍ」は日本語のほか、英語や中国語、フランス語など全部で7カ国語に対応している。日本らしさが詰まった逸品を求める顧客が世界中から集まる。一般的なオンラインストアによくある値引き販売やポイント制度などがないにもかかわらず、利用者がたくさんおり、その多くがリピーターである。同社のフェイスブックには国内から20万人、海外から34万人もの「いいね！」が寄せられていることが、その人気ぶりを物語っている。

職人．ｃｏｍは珠玉の逸品に特化した独自のプラットフォームを築き上げたことで、顧客を集め、関係を深めることに成功しているわけだが、顧客の興味をひくのはこだわりの品ぞろえだけではない。職人.ｃｏｍはオンラインストアにしては珍しく、京都市の三条と今出川の2カ所にショールームを設けている。歴史を感じさせる京町家の建物が目印の今出川ショールームは、社長の櫻井慎也さんの住まいでもある。ここで、櫻井さんは仕入れた商品を実際に使いながら生活している。そしてその様子を職人.ｃｏｍのオフィシャルブログに掲載している。ほぼ毎日更新され、多いときには1日に3回にもなる。自らが選んだ商品に囲まれて暮らす櫻井さんの姿からは、それぞれの商品に対する深い愛情が伝わってくる。まさに経営者のライフワークが顧客に伝わるから、また職人.ｃｏｍで買い物をしようという気になる。

ここで紹介した2社の事例は顧客との接し方がリアルかバーチャルかという点で対照的であるが、経営者がライフワークの実践を周囲に発信している点は共通している。ＳＮＳの普及とともに、情報発信の機会は増えている。自社が提供する商品やサービスの情報を発信している企業も多い。大切なのは商品やサービスの内容を経営者の言葉で語ることである。商品に込めた思いや創業時の苦労話など、自分では大したエピソードではないと思っていても、これが意外と顧客に響く。しかも本人の生々しい言葉でつづられるほど迫力が増す。小さな企業では、企業イコール経営者と思われがちだが、経営に賭ける思いは顧客に伝わっているのだろうか。まだまだ自社を、あるいは自身をさらけ出す余地はないだろうか。大げさな言い方かもしれないが、顧客は、人生を賭けている経営者の姿に魅了され、信頼を寄せるのである。

(3)アドボカシーを活用する―共感や協働を第4の経営資源にする―

企業は大きく「ヒト」「モノ」「カネ」三つの経営資源を駆使して事業を営んでいるわけだが、「選ばれる企業」には、これに加えてもう一つ経営資源がある。顧客のアドボカシーである。アドボカシーとは擁護や弁護といった意味で、経営やマーケティングの分野では賛同や支持といった意味で用いられる（アーバン、2006・山岡、2015)。「選ばれる企業」は、顧客のアドボカシーを最大限活用している。特徴的な事例として顧客の「共感」を活かしている企業と、顧客と「協働」している企業を紹介しよう。

㈲万年筆博士（山本竜社長、鳥取県鳥取市、従業者数4人、事例8）は、万年筆のオーダーメードを手がけている。胴の削り出しやペン先の成形などをはじめ、およそ600ある工程のすべてを手作業で行っている。ちまたでよく見かける、胴の色や柄を選んだり名前を刻印したりする、いわゆるイージーメードとはまったく別物のサービスである。

万年筆愛好家の間では、万年筆が手になじむまでには10年かかるといわれている。これに対して同店の万年筆は最初から手になじむ。これを可能にするのが独自の「書き癖診断カルテ」である。このカルテは顧客が記入するようになっており、16の質問に答える形式になっている。好みのペン先の大きさや、普段ペンを握る位置、握りの角度、筆圧の強さなどを選択肢から選んでいく。16番目の質問は「筆跡」で、名前と住所と電話番号を3回ずつ書く。記入している間、社長の山本竜さんは記入の様子をじっと見つめている。これにより顧客の書き癖を見極め、仕様に反映するのである。だから書き出しから自分に合った万年筆になる。このようなやり方は、サービスの提供者と消費者が同じ場所にいて成り立つきわめて同時性の高いサービスなのだが、テクノロジーの発達により遠隔地からも注文できるようになった。顧客がカルテに記入する様子を動画で撮影し、データを山本さんに送るのだ。このサービスが顧客を通じて万年筆愛好家に広がると、世界中から注文が入ってくるようになった。書き癖を丁寧に観察してから万年筆づくりに取りかかる山本さんの真摯な姿勢が、愛好家たちに共感されたのである。

メールオーダーのリピーターの一人であるオランダ人の大学教授は、5本目の注文のときに鳥取の店まで足を運んでくれた。これまでにメールで万年筆のあれこれを語り合っていたこともあり、山本さんは初対面にもかかわらず、旧友との再会を懐かしむような感覚になったという。さらにこの顧客は「オランダで受注会をやらないか」と持ち掛け、場所の確保から告知など段取りをすべて仕切ってくれたのである。おかげで山本さんはオランダのアムステルダムで受注会を開催、欧州を中心とする8カ国の人たちから合計300万円の受注を獲得したのである。何より収穫だったのは、世界中に万年筆愛好家がいることを実感できたことだ。山本さんはもっと頑張って期待に応えたいと話してくれた。

山本さんはほぼ毎日、工房に入り万年筆づくりに没頭する。1カ月につくれるのは10本ほどだ。時間のかかる細かな作業を積み重ねていることがよくわかる。それでも集中力を切らさずにいられるのは技術や経験に加えて、このオランダ人のように、山本さんを鼓舞してくれる顧客がいるからだ。顧客の共感がさらなる製作意欲を引き出しているのである。

このように、ライフワークの実践が顧客の共感を誘い、新たなビジネスチャンスにつながることは多い。さらに、顧客と協働することで、自社だけではできない付加価値を生み出している企業もある。

㈲信濃梱包（木下啓社長、長野県伊那市、従業者数2人、事例3）は、長野県の駒ヶ根市と伊那市にアウトドア用品店を構えている。駒ヶ根店は、標高2612メートル地点にある千畳敷カールという屈指の観光地の近くにあり、全国から登山客やアウトドアを楽しむ人たちが集まる。他方、伊那店には、造園・建設・林業に従事する人たちが多く集う。こちらの店はＢｔｏＢに特化した品ぞろえとなっており、仕事でアウトドア用品を使う人たちの研究開発拠点になっている。

ＢｔｏＢに進出したきっかけは伊那市の森林組合から受けた相談事であった。森林組合ではロープを使って木に登ったり、木から木へ移動したりするロープクライミングの技術を研究しており、専用のロープを海外から輸入してほしいと頼まれたのである。社長の木下啓さんが調べてみると、海外にはたくさんのロープ専門店があり、アウトドアオタクを自認する木下さんですらすごいと感じる奥深い世界であることがわかった。そこで木下さんは海外からさまざまな種類のロープや補助具、ウインチなどを入手し使い勝手を一つずつ確かめていった。店の裏手には同社が保有する山林があり、そこでテストを繰り返した。それぞれの道具の性能や使い方を理解したうえでネット販売を始めたところ、建設業に従事する人たちからの問い合わせが相次いだ。さらには技術を指導する講習会の開催も頼まれるようになった。折しも日本では災害が相次いでおり、大型の重機を使わなくても樹木伐採などの作業ができるロープクライミングが注目されていた。そこで木下さんは地元の林業者の助けを借りて講習会を開くようになったのである。

ロープクライミングに関する知識やノウハウを学べるという評判が顧客の口コミなどを通じて広がると、講習会の参加者は増えていった。ついには参加者同士でロープクライミングの技術を深める研究会が立ち上がり、より専門的な技術に特化したプログラムも提供するようになった。木下さんが地元のサポートを受けながら始めた講習会は、全国の同業者とつながるハブとしての役割を果たし、事業者が協働する場を生み出したのである。ロープクライミングに対するニーズが高まっているのであれば、同社も建設業に参入すれば収益機会は増えそうである。だが、木下さんはそうはしない。あくまでアウトドア用品店として商品を販売したり、企業同士の出会いや仕事をサポートしたりしていきたいと考えている。

木下さんは顧客との関係を深め協働の場を生み出した。こうした場ではお互いの強みを持ち寄り共有することになるから、ともすれば企業と顧客の関係性はあいまいになってしまう。だが、木下さんは役割分担を大切にしてお互いの存在感を高め合おうとしている。自社がやるべきこととそうでないことの線引きがはっきりできているから、協働は成功するのだ。アドボカシーは経営資源の代替ではなく補完である。こう考えると、自社の経営資源を棚卸ししておくことが顧客のアドボカシーを最大限に活用するコツといえそうだ。

「選ばれる企業」は顧客のアドボカシーをヒト・モノ・カネに続く第4の経営資源として活用している。このような戦略が採れるようになったのは、消費者の行動スタイルが変わってきたからでもある。消費者行動モデルを使って考えてみよう。

消費者行動モデルとは、消費者が商品・サービスを知ってから購入するまでの行動プロセスを整理したものである。代表例は、1920年代に米国で広まったとされるAIDMAである。AIDMAはそれぞれの行動プロセスの頭文字で、消費者は以下の①~⑤のプロセスに沿って消費活動をする。すなわち、①「商品やサービスの存在を知る」(Attention)、②「商品やサービスに興味をもつ」(Interest)、③「商品やサービスを欲しいと思う」(Desire)、④「商品やサービスの存在を記憶する」(Memory)、⑤「商品やサービスを購入する」(Action)である。

今でもAIDMAは消費者行動を端的に説明するモデルとして説得力をもつ。他方で、社会構造や時代背景の変化を反映した消費者行動モデルも提唱されている。例えば2004年に電通が提唱したAISASは、インターネットの普及を考慮した消費者行動モデルである。AISASとは、①「商品やサービスの存在を知る」(Attention)、②「商品やサービスに興味をもつ」(Interest)、③「商品やサービスについて調べる」(Search)、④「商品やサービスを購入する」（Action）、⑤「商品やサービスを共有する」（Share）である。ＡＩＤＭＡとの違いは、③と⑤である。③はわかりやすい。消費者は自分の欲しいものを探すためにインターネットで検索する。ここで注目したいのは最後の⑤のＳ、つまり商品やサービスの消費体験をブログやＳＮＳを介して別の消費者と共有するプロセスである。このとき、顧客は商品やサービスを「消費」する側から「提供」する側に転じているとみることができる。もちろん、自社にとって都合の良いことばかりを共有してくれるとは限らない。往々にして悪い情報のほうが共有されやすいわけだが、自社の外にいる他者が発信する情報には客観的な説明力がある。自社の良い情報を発信してくれる顧客は強力な味方になるわけだ。これこそがアドボカシーの活用なのである。

もっとも、アドボカシーは自社でコントロールできない経営資源である。あたかも誰かが自社に賛同を寄せているかのように装いアドボカシーがあるようにみせる、いわゆるステルスマーケティングを仕掛ける企業もあるようだが、サクラややらせはほかの顧客をしらけさせてしまう。こうなると、せっかく築き上げてきた顧客との関係が失われてしまう。強い応援は強い非難に翻りやすい（山川、２０１８）ということも、認識しておきたい。

(4)顧客の「利用価値」を最大化する―スピードと品質を追求する―

先ほど、顧客をしらけさせてしまうことの危険性を指摘した。顧客がしらけてしまうのは、顧客を裏切るような行為をしてしまったときである。当然、こういった事態は避けるべきなのだが、「選ばれる企業」はどのように対応しているのだろうか。取り組みの具体的な内容はさまざまなのだが、共通しているのは対応が速いことと丁寧であることだ。こうした取り組みは自社の負担を増やすことになるのだが、「選ばれる企業」はこれを承知のうえで、顧客の利用価値を最大化することを徹底している。

昆布に付着したコケムシやプランクトンを落とす洗浄機や昆布を効率的に乾かす専用の乾燥機を製造する㈱寺島商会（事例9）は、顧客から注文を受けてから2週間で製品を納めている。同業他社は1台ずつ受注生産するため約3カ月かかるというから、ダントツの速さである。即座に対応できる秘訣は、見込み生産しているからだ。昆布生産は年によって生育具合が異なる。このため、昆布生産者としては収穫直前まで生育具合を見極めてから機械の追加や更新を決めたいところである。こうしたニーズに応えるため、同社は製品の見込み生産に踏み切った。昆布生産者のリスクを肩代わりしたといえる。まさに顧客第一主義を体現している。このリスクを少しでも軽減するために、寺島さんは顧客や漁協を毎日訪ねて昆布の生育状況を聞く。時間や手間のかかる取り組みだが、顧客との接触頻度は高まるし、丁寧に情報を収集することで在庫リスクを抑えられる。

同社の顧客第一主義はメンテナンスの現場でもいかんなく発揮されている。収穫のピークを迎える7月から8月は、顧客の多い函館市西部の下海岸《しもかいがん》と茅部郡鹿部《しかべ》町の漁港の中間地点に一軒家を借りて仮設の営業所とし、24時間態勢で顧客をサポートする。仮設の営業所を構えるのは一刻でも速く顧客のもとへ駆け付けられるようにするためだ。顧客の収穫作業に不具合が生じたときに手間を惜しまない姿勢がうかがえる。もっとも、近年は人手不足の影響で収穫期だけ人材派遣会社から作業員を招いている生産者が多い。呼ばれて行ったものの、機械の故障や不具合ではなく、操作方法をわかっていなかっただけということもある。それでも同社は丁寧に操作方法を教える。しかも修理作業は発生していないからと工賃は一切受け取らない。単体でみれば収益に貢献しない仕事だが、顧客の利用価値の最大化を常に考えているから、こうした取り組みが自然にできる。顧客との関係は自ずと深まり、同社は北海道の昆布生産には欠かせない企業になっている。

花坂印刷工業㈱（事例11）は自作の広報誌への広告出稿料を折り込みチラシなどに比べて安く抑えているのだが、これは価格優位を狙っているのではなく、地元にあるまだ経営資源の乏しい企業が利用しやすいようにと考えているからだ。広告出稿をきっかけに顧客が成長すればより大きな仕事の機会が生まれる。小豆島で機械修理業を営む㈱ヒラサカ（事例10）も赤字の修理を引き受けることがあるのだが、小豆島の産業のためになれば良いと割り切っている。「選ばれる企業」は一時的な出費を損失ではなく、将来に向けた投資と捉えているのである。

企業の経営者であれば誰しも赤字を嫌う。手元の資金を失うことを意味するからだ。資金繰りが苦しくなると、企業の持続可能性を圧迫する。だから、経営の現場ではたびたび、短期の損益を管理することの必要性が指摘される。会計システムを導入したり表計算ソフトでプログラムを組んだりして、管理会計を実践する企業も少なくない。こうした取り組みはもちろん重要である。だが、目先の損益ばかりに目が向いてしまうと、長期的な視点を失い、将来の顧客を逸してしまう可能性もある。短期的視点と長期的視点を併せもつことは重要だが、特に人的資源の面で制約がある小さな経営体にとってはなかなか難しい面もある。「選ばれる企業」は長期的な視点をより意識しながら顧客との関係を構築しているようである。

(5)ホールドアップを回避する―関係の透明性を意識する―

顧客との間に、絆ともいうべき強固な関係を築いているのが「選ばれる企業」である。常連客の存在は業績を安定的なものにすると考えられるわけだが、注意しないといけないのがホールドアップ問題である（久保田、２０１２）。顧客との関係が深まると、無理な要求をされたり、不利な条件を押し付けられたりしやすくなる。常連として尽くしているのだから少し優遇してほしい、特別なサービスをしてほしい、という顧客の感情は理解できなくもない。企業側からしても、ひいきにしてくれる常連客に報いたいと考えるのは自然な反応かもしれない。

しかし、関係が密接になりすぎると、企業の持続可能性に好ましくない影響をもたらす。まず、商品やサービスの提供に対して適切な対価が支払われなくなる可能性がある。特別な値下げやおまけといったサービスが一時の出来事に終わることは考えにくい。両者の間に適切な対価のやりとりが行われなくなることによるしわ寄せは、商品やサービスを提供する企業側が負担することになる。

次に、両者の特別な関係は他者を排除しうる。ひいきにされている顧客をみた別の客は良い気分にはならない。自分はさほど重きを置かれていないと感じるからだ。すると、企業から離れていってしまう。顧客はほかの顧客が企業と築いている関係の深浅を無意識のうちに自分と比べてしまう。関係が深まっていけばなおさらである。特定の顧客との密接すぎる関係は、周辺に誤ったシグナルを発してしまうこともあるのである。「選ばれる企業」になるためには顧客との関係を強固にしていく一方で、ホールドアップ問題の存在も認識しておく必要がある。

この点について、昆布の洗浄機や乾燥機を製造販売する㈱寺島商会（事例9）は製品や部品の大幅な値引きなど無理な要望は受けない姿勢を明確にしている。昆布生産の業界は狭く、一部の顧客を優遇したという情報はすぐに広まってしまうからだ。一部の顧客を優遇したことでほかの顧客の信頼を失うと、「選ばれる企業」にはなれないのである。

企業や顧客といったプレーヤーの数が少ない市場では、たしかに情報は広まりやすそうである。では、プレーヤーの数が比較的多いと考えられる市場はどうだろうか。特に、インターネットを介した取引は他者からは見えにくいので、ホールドアップ問題は発生しにくそうでもある。だが、インターネットは情報発信がしやすく、流通速度も圧倒的に速い。あるお店で「特別に割引してもらった」とか、レストランで「○○をサービスしてもらった」といった情報を顧客が発信すると、瞬く間に拡散する。発信者に悪気はないのだが、こうした情報の受け止め方は人によって異なる。ましてや、企業はこのような顧客の行動をコントロールできない。そう考えると、正攻法かもしれないが、一部の顧客をひいきするのではなく、等しく関係を深めていくことがホールドアップ問題を回避するコツかもしれない。事例企業に共通するのは顧客と透明性の高い、オープンな関係を構築しようとしている点だ。

室蘭まちづくり放送㈱（事例12）は「ＦＭびゅー」というＦＭラジオ放送局を運営している。放送エリアが一部に限定されるコミュニティＦＭと呼ばれる形態で、ＦＭびゅーは北海道室蘭市と登別市と伊達市の一部で聴ける。

開局の経緯を追っていこう。２００１年にコミュニティＦＭの開局を目指す室蘭市民がボランティア団体を立ち上げた。道内ですでに放送を開始していた放送局を視察したり、地元住民と番組の企画を練ったりと準備を進めていった。いよいよ放送開始のために会社を立ち上げ、社長に就いたのは地元の製鋼所で働いていた沼田勇也さんである。当初から中心人物として活躍していたことから、代表として白羽の矢が立ったのである。

沼田さんは開局の道のりを困難の連続だったと振り返る。なかでも大変だったのが資金調達だ。通常、ラジオやテレビなど民間放送局の資金面を支えるのはスポンサー企業である。番組を企業に購入してもらうかわりにＣＭを放送することで、放送局は資金を手に入れる

（広告代理店が間に入ることが一般的である）。手に入れた資金は番組制作に充てられる。魅力的なコンテンツで視聴者を増やすことができれば、番組の価値が上がるので、より多くの資金を手に入れられるようになる。まずは大口の出資をしてくれるスポンサーを探し出すことが、好循環を生むかどうかの成否を決める。

室蘭市は大手メーカーの工場が集積しているのでスポンサーは探しやすそうである。だが、沼田さんは企業めぐりよりも地元住民の家を1軒ずつ回ることを優先にした。個人にスポンサーになってもらおうと考えたのである。協賛金の単位は1口5000円で、リターンは三つある。一つ目はオリジナルグッズだ。ＦＭびゅーのロゴが描かれたボールペンやクリアファイルなどである。二つ目は、同社が四半期に一度つくって地元に配布する番組表「ぷれびゅー」への名前の掲載だ。そして三つ目は誕生日祝いの放送である。協賛者が誕生日を迎えたことを、当日の放送で知らせてくれるのである。誕生日限定サービスを提供している企業はたくさんあるが、マスメディアを使ったサービスは珍しい。これらのリターンに価値を見出してくれた住民は多かったようで、予想を上回る勢いで沼田さんは資金を集めることができた。労力を費やしたかいあって、ＦＭびゅーは2018年5月から放送を開始できたのである。

協賛期間は1年単位であるが、サポータ－ズクラブの会員として継続して協賛金を支払ってくれる人がほとんどである。継続して支援が寄せられるのは、同社がリスナーとの関係を大切にしていることの表れである。まず番組構成がユニークである。地元の住職と医師が地元の昔話に花咲かせる番組や、都市対抗野球に参加している地元チームの試合中継、災害情報など、地元住民なら必ず響く鮮度の高い情報を放送し続けている。また、地元のスーパーの一角で開く自動車模型のレース大会や、圃場《ほじょう》見学会などリスナー参加型イベントも頻繁に開催する。あらゆる手段を駆使してリスナーとの距離を縮めているのである。沼田さん自身も「ＤＪぬまっち」として活動しているのだが、ラジオなのに街を歩いていると頻繁に声をかけられるほどだ。

マスメディアの運営においてはスポンサーの顔色が大切と聞く。制作する番組内容にも影響がないとは言い切れない。コミュニティＦＭの存続を左右するのはやはりリスナーである地元住民だ。一点突破ではなく、一人ひとりとの関係を大切にし、全員と密に関係を築こうとする沼田さんの広角打法ともいえる姿勢は、ホールドアップ問題を回避する方法として有効に機能しているのである。

取材の際、沼田さんは開業当初の資金調達を「リアルクラウドファンディング」と表現してくれた。クラウドファンディングとは、インターネットを通じて不特定多数から資金を集める方法である。資金の借り手である企業は資金の使い道（プロジェクト）や対価（リターン）などの条件をインターネット上に明示する。この条件に賛同した不特定多数の個人が資金の出し手になる。沼田さんはこれをインターネット上ではなく対面でやったのだから、まさにリアルクラウドファンディングである。

リターンの内容は必ずしも金銭というわけではなく、プロジェクトの結果生まれた商品やサービスの利用権ということもあるから、資金の出し手は将来の顧客とも位置づけられる。大事なのは、企業と顧客はクラウドファンディングというプラットフォームのなかでオープンな関係を築くということだ。出資額によってリターンの内容は明確に決まっている。大体の場合、出資額に比例してリターンは大きくなったり豪華になったりする。だから顧客の誰かがほかの顧客よりも良い対価を得たとしても、ひいきに映ることはない。ホールドアップ問題がもたらす弊害を回避するうまい仕掛けといえる。沼田さんはこうした特性を現実の空間に持ち込んだのである。バーチャルの空間と違ってリアルの空間は情報の共有には時間や人員、そしてコストがかかる。それでも労力を惜しみなく投入した沼田さんの取り組みに、コミュニティFMに賭ける本気が伝わってくる。

5 選ばれた先にあるもの

ここまで、「選ばれる企業」になるためのポイントや条件を紹介してきた。企業と顧客の関係が太い絆になったとき、両者にはどのような変化がもたらされるのだろうか。第Ⅰ部を締めくくる第5節では、この点について考察を加えてみたい。

企業側の変化から考えみてよう。企業にとっての変化の一つは、顧客基盤の安定である。顧客基盤が安定すれば、業績も安定する。景気情勢が一時的に大きく変動しても持ちこたえられるようになる。もう一つは、イノベーションの具現である。顧客が自社のことを真剣に考えてくれるようになると、新たな可能性が顧客からもたらされる。その可能性は顧客の力を借りて形になっていく。

そして、顧客にも変化が起きる。顧客は本来、商品やサービスの提供者である企業に金銭を支払うことで便益を享受するのだから、顧客から企業へ向かうのは金銭という価値である。だが、「選ばれる企業」の顧客は、金銭プラスαの価値を企業に提供している（図Ⅰ-6）。つまり、「選ばれる企業」の顧客は自身の「利用価値」の最大化ではなく、選んだ企業の

図-6 「選ばれる企業」と顧客の関係

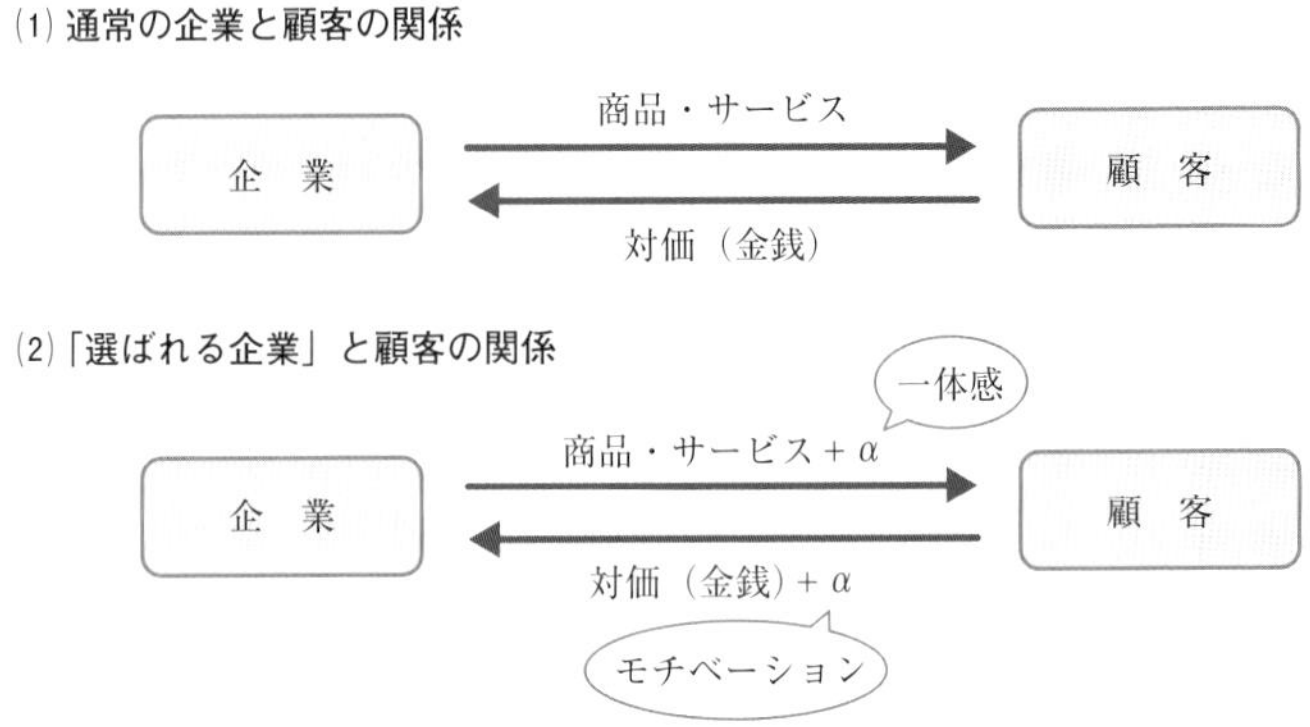

「企業価値」を最大化するように行動しているのである。プラスαの価値は必ずしも有形ではなく、むしろ無形であることのほうが多い。最後に、新光時計店（松浦敬一代表、広島県呉市、従業者数2人、事例6）のケースからプラスαの価値について考えたい。

新光時計店は、瀬戸内海に浮かぶ大崎下島という、人口3000人ほどの小さな島にある時計と眼鏡の販売店である。働いているのは松浦敬一さん夫婦と息子の光司さんの3人だ。小さな店なのだが、時計の修理が評判で国内外のマスメディアにたびたび登場する有名店である。

修理を頼まれる時計の9割はメーカーやほかの修理店で直せないといわれたものである。松浦さんは同じメーカーの類似製品や他社製品の似た形状の部品を当たるなどして修理の可能性を追求している。1年以上かけて部品を探したこともあるという。

店の立地の関係から、ほとんどの顧客とはメールや電話でやり取りすることになるのだが、松浦さんは時計の情報だけでなく、時計に関する思い出やエピソードなども丹念に聞き取り、カルテにまとめている。作業に関係なさそうな情報まで記録するのはなぜだろうか。理由は二つある。

一つは、何気ない話から不具合の原因がわかることもあるからである。もう一つは顧客とのつながりを大切にするためだという。同店には多くのリピーターがいるのだが、時計の修理となると接点はせいぜい数年に1回である。だからといって依頼が入るたびに思い出話から聞くわけにもいかない。カルテにまとめておけばこうした問題を防げるし、相手からは覚えていてもらえたと喜んでもらえる。

つながりを大切にしたいという松浦さんの思いは、修理した時計の返却時にもみられる。時計を使ううえでの注意点をまとめた直筆の手紙を添えているのである。直筆にしているのは、手書きなら相手も読んでくれるだろうし、思いも伝わりやすいと考えているからだ。顧客からお礼の手紙を受け取ることも多いというから、思いは伝わっているようである。

最近は直接お店にやってくる顧客も多い。大崎下島は、JR呉駅からバスで1時間半ほどかかる。アクセスはけっして良くないにもかかわらず、遠方からわざわざやってくるのである。松浦さんは地域の歴史と店舗の成り立ちをまとめたパンフレットを用意して来店客をもてなす。せっかく来てくれたのだからと、一緒に地元を歩いて回ることも多いという。人とのつながりを大切にする松浦さんの姿勢が伝わってくる。

かつて瀬戸内の海運の要衝として栄え、今は国の重要伝統的建造物群保存地区にも指定されている大崎下島の御手洗地区には、歴史的な街並みが残っている。新光時計店の建物も大正時代につくられており、窓のそばで時計を修理する様子は、当時の時計店にはよくある風景だったという。長く「選ばれる企業」であったからこそ、同店は地元の歴史を今に伝える生き証人となっている。

顧客がお礼を言うためだけに遠路はるばるやってくるのは、経済合理的な行動とはいえない。時計を直すという目的はすでに達成しているし、受けたサービスに対する支払いも完了しているからだ。そう考えると、顧客の行動の背景には、企業との一体感を味わいたいという思いがあるのではないだろうか。絆という目には見えない結びつきを実感したいということかもしれない。この思いを受けた企業はもっと顧客の役に立ちたいという思いがみなぎる。経営のモチベーションが上がると、企業の持続可能性は高まる。江戸時代から続いている新光時計店の歴史がそれを証明している。

企業が顧客と築いた絆の形や姿は一つ一つ異なる。築いた絆は唯一無二の経営資源になる。絆づくりに特別な工夫はいらない。強いていうなら、「選ばれる企業」では、顧客の役に立ちたいという思いが前面に出ている。企業なのだから当たり前の話と思われるかもしれない。だが、目まぐるしく変化する経済社会をキャッチアップし、目の前の仕事に追われているうちに、何のために経営しているのか、自社の存在意義とは何かといった、経営の原点を見失ってしまうこともあるだろう。それを思い出させてくれるのは顧客である。「選ばれる企業」はいずれも、自ら築いた顧客との関係を通じて原点を忘れない経営をしている。これこそが、顧客から受け取るプラスαの対価である。

企業は存続していくことで商品やサービスを顧客に提供できる。だから、業績が一時的に落ち込んだときはまず、当面の売り上げと利益を確保しようとする。だが、冒頭でも触れたように日本社会が大きな構造変化の最中にある今、短期的な視点だけでこの荒波を乗り越えることはできない。大切なのは原点に立ち返ること、そして長期的な視点をもって、顧客一人ひとりと関係を深めていくことではないだろうか。

現代は、商品やサービスに対する需要が多様化している。これは小さな企業にとって追い風といえる。需要側が多様であるなら提供側も多様であってしかるべきだからだ。多様で細やかなニーズを捉え付加価値を生み出す小さな「選ばれる企業」たちは、これからの経済のキープレーヤになるに違いない。

〈参考文献〉

久保田進彦（２０１２）『リレーションシップ・マーケティング　コミットメント・アプローチによる把握』有斐閣
グレン・アーバン（２００６）『アドボカシー・マーケティング　顧客主導の時代に信頼される企業』山岡隆志訳、スカイライト コンサルティング監訳、英治出版
佐藤尚之（２０１８）『ファンベース―支持され、愛され、長く売れ続けるために』筑摩書房
山岡隆志（２０１５）「リレーションシップ・マーケティングにおけるカスタマー・アドボカシー」早稲田大学大学院商学研究科『商学研究科紀要』ＮＯ・81、PP51‐70
山川悟（２０１８）「応援される企業づくり―ファンの力を最大化するマネジメントへ―」『日本政策金融公庫調査月報』２０１８年8月号、PP36‐41

第Ⅱ部　事例編

日本政策金融公庫総合研究所
主任研究員　葛貫　　怜
　　　　　　藤田　一郎
研究員　小瀧　浩史
　　　　友山　慧太
　　　　篠崎　和也
　　　　長沼　大海
　　　　星田　佳祐
　　　　青木　　遥

『日本政策金融公庫調査月報』2019年７月号～2020年６月号に掲載した「選ばれる小さな企業 ―多様化する顧客ニーズに向き合う―」を収録した。企業概要や記載内容は原則として掲載時のものである。

事例一覧

事例6	事例5	事例4	事例3	事例2	事例1	事例番号	
新光時計店	職人.com㈱	㈱写真のたなかや	㈲信濃梱包	インターネットの糸屋さん『ボビン』	㈱アコーズ	企業名	
1770年代	2004年	1941年	1972年	1974年	1992年	創業年	
—	1,000万円	3,000万円	300万円	—	4,600万円	資本金	
3人	3人	30人（うちパート10人）	2人	8人（うちパート2人）	12人	従業者数	
時計修理、時計・眼鏡販売	日本製工芸品のオンラインストアおよびショールームの運営	写真業	アウトドアショップ	ミシン糸の卸・インターネット販売	活動量計の開発・製造	事業内容	
広島県呉市	京都府京都市	神奈川県川崎市	長野県伊那市	宮崎県都城市	長野県飯田市	所在地	
○	○	○	○	○	○	ニッチ	ユーザーの範囲
						マス	ユーザーの範囲
○	○	○	○	○	○	全国	商圏の範囲
						地元	商圏の範囲

事例一覧

事例番号		事例12	事例11	事例10	事例9	事例8	事例7
企業名		室蘭まちづくり放送㈱	花坂印刷工業㈱	㈱ヒラサカ	㈱寺島商会	㈲万年筆博士	㈲ファインモールド
創業年		2007年	1902年	1970年	1973年	1934年	1987年
資本金		1,030万円	1,000万円	300万円	1,050万円	400万円	300万円
従業者数		12人（うちアルバイト5人）	8人	4人	11人	4人	9人
事業内容		FMラジオ局	印刷業	食品製造機械の修理・販売	昆布の洗浄機、乾燥機の製造・販売	万年筆製造・販売	プラモデル製造・販売
所在地		北海道室蘭市	岩手県宮古市	香川県小豆郡小豆島町	北海道函館市	鳥取県鳥取市	愛知県豊橋市
ユーザーの範囲	ニッチ			○	○	○	○
	マス	○	○				
商圏の範囲	全国					○	○
	地元	○	○	○	○		

事例1　ニッチ×全国

測るに夢中な技術者集団

㈱アコーズ

代表取締役　佐々木《ささき》 邦雄《くにお》

［企業概要］

代表者	佐々木 邦雄
創業	1992年
資本金	4,600万円
従業者数	12人
事業内容	活動量計の開発・製造
所在地	長野県飯田市鼎《かなえ》切石4376-4
電話番号	0265(53)6571
URL	https://www.acos.co.jp

長野県飯田市にある㈱アコーズは、人の運動量を測る活動量計を生産している。従業者数はわずか12人と小規模ながら、取引先は全国にある。業種も大手メーカーや医療施設、公共機関など幅広い。社長の佐々木邦雄さんは「営業担当はいないし、けっしてアクセスの良くない飯田にある会社ですので、取引先には迷惑をかけています」と言うが、同社には相談事がひっきりなしに舞い込んでくる。

活動量計に人生を賭ける

――国内でも数少ない活動量計専門のメーカーだそうですね。

活動量計とは、人の動きをセンサーで捉えて、歩数やカロリー消費量などを測る器具のことです。センサーの種類は、昔ながらの振り子式や最新技術を用いた電子式があります。当社は電子式のなかでも、左右、上下、前後の３軸に対する動きを測れる、３Ｄ加速度センサーを用いた活動量計を得意としています。はっきりとわかる動きだけではなく、傾きや方向の変化を感知するため、歩行かどうか判定しかねる微妙な動きを正確に捉えられる特徴があります。

当社は１９９２年の創業以来、活動量計一筋です。創業メンバーは、同じ大手精密機械部品メーカーでセンサーの研究をする技術者でした。元勤務先がバブル崩壊の影響で事業の撤退を決めたことがきっかけとなり、独立したのです。最終的に６人の技術者が当社に転籍しました。

元勤務先からはセンサーを搭載した活動量計の開発・製造事業を引き継ぎました。以来、ヘルスケア業界大手と直接取引しています。当初は、預かった設計図どおりに活動量計をつくって相手先ブランド名で販売する、ＯＥＭ形態の受注が大半でしたが、ほどなくして設計段階から任される、ＯＤＭ形態に変わりました。

――なぜ形態が変わったのですか。

設計から製造までを委託するほうが効率的だと考えたのでしょう。当時、大手メーカーは経営資源の選択と集中を進めていました。設計工程を省いても製品ラインアップを維持できる当社との取引が魅力的だったのだと思います。当社は、大手のブランド力を借りつつ、自由に製品開発できるわけですから、モチベーションが上がりました。

健康志向の高まりを追い風に、活動量計の年間製造数は２００７年に１００万個を超えました。当時の国内販売数は約７００万個でしたから、市場シェアの15パーセントを当社が占めていたことになります。

あれから10年以上たった今、活動量計製造の主役は海外メーカーです。活動量計は要のセンサーさえ用意できれば、組み立ては容易です。コストの安い海外勢が台頭し、国内企業は生産から撤退していきました。

もっとも、われわれはセンサーを研究したくて独立した技術者集団ですから、海外勢との価格競争には目もくれず、センサーを使った活動量計の可能性を追求してきました。

――どのような可能性ですか。

一つは測る対象の拡大です。歩数のほかに、カロリー消費量や睡眠時間なども測れるようにしました。今や当たり前の機能ですが、カロリー消費量の計算機能を初めて付けたときは、取引先に驚かれたものです。

もう一つは、測る精度の向上です。21世紀に入り３Ｄ加速度センサーが誕生すると、誰に頼まれるわけでもなく、当社はいち早く活動量計への転用を研究し始めました。

３Ｄ加速度センサーと一口に言っても、捉えたい動きによってセンサーを制御するアルゴリズムは異なります。活動量計に搭載するには、人の動きに合わせたアルゴリズムを組む必要がありました。そこで従業員が皆、昼夜を問わず試作品を身につけ、ひたすらテストを繰り返しました。

ＯＤＭの傍ら開発を続け、２００４年に歩行を測ることに特化したアルゴリズムが完成しました。現在も当社の製品のベースとして、小さな動きも見逃さない精度を実現しています。

使い道は顧客が教えてくれる

──精度の高さはそんなに重要なのでしょうか。最近はスマートフォンでも測れますよね。

そのとおりです。スマートフォンが普及してから、活動量計のODM供給は減少傾向にあります。日頃の運動量を大まかに把握するだけなら、スマートフォンで十分と言えるでしょう。

その一方で、精度を重視するユーザーもいます。例えば、足腰のリハビリに取り組む人です。リハビリ中の歩行はすり足になることが多く、スマートフォンでは正確な歩数を測れません。正しく記録が残らないと、患者はモチベーションが下がりますし、医師も診断に使えません。

当社にこうしたニーズを教えてくれ、技術者魂に火をつけてくれたのは、飯田市の病院に勤務する医師でした。そ

新製品が生まれる開発室の様子

こで既存のアルゴリズムを改良し、すり足と正常歩行を区別して測れる製品「リハビリ歩行計」を開発しました。正常歩行の割合も計算できますから回復状況を定量化できると、喜ばれました。現在、県内では当社の活動量計を採用するリハビリステーションが増えています。この経験から医療分野では当社の技術が生きると考え、２０１３年に医療機器製造の許可を取得しました。

――医療以外のニーズはどうですか。

よく相談を受ける業種の一つに運輸業があります。長距離バスやトラック、電車などでの居眠り運転を防ぐためです。多くの企業は、飲酒の有無に加えて睡眠状況もチェックしています。ただ、アルコールと違い睡眠時間は運転手の自己申告でしか把握できませんでした。

これを受けて開発したのが「スリープモニター」です。就寝時に腰につけておくと、仰向け、うつぶせなど睡眠中の姿勢の変化を捉えます。寝返りの回数やタイミングから深い眠りと浅い眠りの時間を測り、熟睡時間を確認することができます。

この製品は大手鉄道会社の協力を得て、夜勤で車庫に泊まる運転士に実際に使ってもらいました。実証実験の結果は良好で申し出のとおり睡眠していることを確認できました。管理担当者からは乗務前の体調を数値でチェックでき安全管理に役立つと喜ばれました。バスやトラック業者からも問い合わせが相次いでいます。

さらには人間以外の分野でも当社の活動量計は活躍しているのですよ。

——どのような分野ですか。

猫の活動量計です。大手動物病院の獣医からの相談が、開発のきっかけです。獣医は患者と言葉を交わせませんから、治療後の健康状態、例えば活発に動いているかどうかを目視で確認します。ただ、ゲージの前で観察したり、様子を録画した映像を確認したりするのは非効率です。何とかできないかと考え、活動量計の利用を思いついたそうです。最初は既製品を試したものの、うまくいきませんでした。３Ｄ加速度センサーだけでは、猫の飛び跳ねといった素早い上下の動きを正確に測れなかったのです。そこで気圧センサーを搭載しました。猫の飛び上がりを気圧の変化で捉えるわけです。３Ｄ加速度センサーと組み合わせることで、通常動作と飛び跳ねを分けて測れるようになりました。現在、全国４０００件の動物病院で、当社の開発した製品が使われています。犬にも使えると好評です。

測る面白さを共有する

――新しいお客さんはどうやって御社にたどり着くのでしょうか。

主に二つのルートがあります。

一つは、ODM先からの紹介です。活動量計の技術を応用したいと考える企業や医師は、まずは業界大手に相談するそうです。しかし、大手はこうしたニッチな分野で経営資源を投入しにくい。そこで、当社に声がかかるわけです。とはいえ、実現可能性の低い案件が持ち込まれることはありません。紹介する側も活動量計のプロですから、きちんとフィルターを通したうえで話を持ち込んでくれます。

もう一つは、かつて相談を受けた先からの紹介です。成功事例が呼び水となり、新たな相談が舞い込むようになりました。当社には営業担当の従業員がいませんから、こうして紹介いただいた案件が業績アップの生命線です。これまでにないテーマが寄せられると、われわれは奮い立ちます。当社がもつ技術をすべてさらけ出してでも何とか実現させようと毎回、開発に取り組んでいます。

——最近は、活動量計の利用者をサポートするサービスも始められたと聞きました。

データ管理のサービスですね。きっかけは長野県駒ヶ根市の施策である、活動量計を使った健康増進事業への参画でした。打ち合わせの過程で、市民の運動データを集約して分析できる仕組みが欲しいという話が出ました。活動量計を配るだけではなく、データを把握することで次の政策に生かそうというわけです。

要望を受けて、活動量計にＩＣチップを搭載しました。専用のリーダーにタッチすると、簡単にデータを読み取れます。

さらに、データを自動でサーバーに転送して管理・分析できるシステム「ＡＷＤＳ」を開発しました。松本大学人間健康学部の根本賢一教授に助言をいただき、完成したものです。このシステムを使えば、市の担当者は、サーバーに集まったデータを分析して市民の健康管理や健康指導に関する政策づくりに生かせます。

また、市民は専用サイトで日々の活動量を確認したり、参加者ランキングをみたりすることができます。市内の病院やスーパーなどに置かれたリーダーにタッチすると、商店街で使えるポイントが活動量計にたまります。楽しみながら運動できる仕掛けといえるでしょう。

このサービスは２０１５年に始まり、現在、１５００人の駒ヶ根市民が利用しています。

健康保険のデータと合わせて分析したところ、サービスの利用者は保険診療が減っていることがわかりました。この成果をみて、諏訪市、箕輪町など近隣の市町村から依頼が相次ぎ、現在、県内10市町村でＡＷＤＳが導入されています。

最近では、従業者数が１０００人を超える大企業や県内のリハビリステーションでＡＷＤＳを導入するケースも出ています。

――サービスの収益はどうですか。

主な収入は、活動量計本体の売り上げとサーバー利用料です。本体は１台６０００円ほどです。利用料は１人当たり月額50円で、約１万人が利用しています。おかげで安定した収益を得られるようになりました。

ただ、後で知った話ですが、当社のサーバー利用料は一般的な水準の半額程度だそうです。価格を決めるときにもっと検討するべきだったと従業員と一緒に苦笑いしました。もっとも、ＡＷＤＳやそれをきっかけにした活動量計の普及はお客さまがいてこそ実現したわけですから、大きく儲けるというのではなく、研究開発が継続できる程度の売り上げが維持できれば十分と考えています。

——今後の展望を教えてください。

活動量計の小型化を進めています。一例が２０１８年に発売した「ｎａｎｏ ｔａｇ」です。重さは２・５グラムで、１円玉より小さい製品です。マウスにつけられるので、動物実験の効果を測るツールとして期待しています。すでに、国内外のいくつかの研究機関に納品しました。

人間や動物ではなく、物体の動きを測るというアイデアも生まれています。例えば、薬を入れるピルケースに活動量計をつけて、重さの変化とふたの開閉を捕捉すれば、薬を飲んだかどうかがわかります。ＡＷＤＳの仕組みを使えば、遠くにいても服薬履歴をチェックできます。最近話題の高齢者の見守りサービスと相性が良いかもしれません。

創業以来、活動量計のことだけを考えて仕事をしてきました。従業員とよく話すのですが、振り返ってみると、無謀な挑戦の連続でした。それでも約30年間続けてこられたのは、お客さまが当社を鼓舞し続けてくれたからだと思います。これからもお客さまと共に、「測る」を楽しんでいきたいと考えています。

取材メモ

同社の従業員とその家族は、普段から活動量計を身につけてＡＷＤＳでデータを集めているそうだ。佐々木社長も活動量で負けないよう、出社前に畑仕事やウオーキングに励んでいるという。取材を通して、楽しみながらも、測ることに真剣に向き合う精神が、会社全体に浸透していると感じた。

同社はいわゆる営業活動を行わない。既存の取引先が新たな取引先を次々と連れてきてくれる。それは、難しい注文でも全社をあげて応えようと努める姿勢が取引先の信頼を勝ち取り、「応援したい」「誰かに紹介したい」と思わせているからではないだろうか。こうして得る仕事のおかげで、価格競争に巻き込まれず勝負できる。同社にとって、取引先との関係はかけがえのない経営資源なのである。

（長沼　大海）

事例２　ニッチ×全国

実店舗よりも近い インターネット手芸店

インターネットの糸屋さん

『ボビン』

市平《いちひら》 信司《しんじ》

［企業概要］

代表者	市平 信司
創業	1974年
従業者数	8人（うちパート2人）
事業内容	ミシン糸の卸・インターネット販売
所在地	宮崎県都城市姫城町11-27
電話番号	0986(23)5510
URL	https://itoyasan-bobin.com

ミシン糸とファスナーに特化したユニークな手芸店が、宮崎県都城市にある。インターネットの糸屋さん『ボビン』だ。両者の品ぞろえはほかの手芸店をはるかに凌駕《りょうが》する。

多いのは品数だけではない。販売先は全国各地の縫製工場から手芸好きの個人まで幅広い。どうやら人気の理由は品数以外にもありそうだ。

ミシン糸に特化した品ぞろえ

――事業の内容を教えてください。

ミシン糸の卸売りとインターネット販売をしています。ほかにもファスナーやゴム、洋裁用品、縫製資材などを取り扱っています。当店は、１９７４年に先代である父が糸の卸売専門として創業しました。安易な安売りをしないことをモットーに、長く取引を維持できると判断した先に糸を卸してきました。その時々の景気情勢を理由に値下げを求めてきた取引先には、断腸の思いながら、販売を断ってきました。

わたしは、１９９４年に家業に入り、営業をしながら糸についての知識を深めていきました。その後、２０００年ごろにネット販売を立ち上げました。現在は売り上げの６割が卸売り、残りの４割が個人向けネット販売です。

卸先はスーツなどを仕立てる縫製工場がメインですので、黒や紺、グレーなど、いわゆる定番カラーの糸がよく出ます。ネット販売のほうは女性客が多く、年代も20歳代から年配までと幅広いです。子どもやペットに着せる服はもちろんのこと、最近は自分用のコスプレ衣装をつくる、あるいは、かばんや財布などをつくって販売する人もいるようです。このように糸の使い道が多種多様なので、ネット販売ではいわゆる売れ筋商品はなく、さまざまな注文が当店に寄せられています。

客単価は3600円程度です。3000メートルの糸1本当たり400円程度なので、一度に9本購入されていることになります。1日に60件ほどの注文がコンスタントに入ります。

――街中にある手芸店と比べた強みは何でしょうか。

業務用ミシン糸やファスナーなどに特化した豊富な品ぞろえと、購入時のサービスでしょうか。まず品ぞろえについてですが、一般的な手芸店には必ずある生地やミシンは取り扱わず、糸とファスナーで勝負しています。理由は二つあります。一つは創業者であるわたしの父が糸メーカーに勤めていたからです。勤務時代に身につけた商品知識で他店との差別化を図っています。

もう一つの理由は、商品の大きさです。一つ一つが小さいので、限られたスペースにもたくさんの商品を置くことができます。ましてや卸売りとネット販売ですから、店舗のディスプレイにこだわる必要もありません。現在、この事務所と倉庫に商品を置いています。倉庫の延べ床面積は60坪ほどあり、約２億キロメートル分の糸をストックしています。

――購入時のサービスについても教えてください。

糸の小分け販売です。業務用の糸は１本３０００メートル単位で売られることが多いのですが、これだと個人向けには長く、余らせてしまうことが多いです。特にロックミシンと呼ばれる、布の端がほつれないようにかがり縫いをするミシンを使う場合は、一度に糸を最大５本セットしますから、必要な数の糸をそろえなければなりません。

そこで当店では、業務用の糸を購入いただくと、ワインダーと呼ばれる糸を巻く機械を使って1本の糸を2本から5本に小分けして届けるサービスを実施しています。当店には、糸メーカーが使うような大型の業務用ワインダーが4台あり、小分け作業をほぼ自動で行えます。父が勤務時代の付き合いで手に入れたものです。おかげで、複数の注文にもすぐに対応できます。

豊富な在庫でどんな注文にも対応

糸の値段に加工賃を上乗せするので1メートル当たりの販売単価はやや高くなりますが、お客さまからすれば、購入量を抑えられるのでトータルでみたらお得ですし、糸を使い切ることができます。違う糸を買いやすくなりますから、手芸の幅も広がるというわけです。

ミシンの販売店などでは一般家庭向けの小型ワインダーも売られていますが、取り扱いに手間と時間がけっこうかかりますし、慣れが必要です。手芸店も同じで、マンパワーを要しますから、ワインダーはもたず、メーカーから仕入れた家庭用の糸をそのまま売るのが一般的です。

卸とネット販売の二本柱へ

――業務用を販売するとなると仕入れにメリットがありそうですね。

仕入れ価格を抑えることができています。これは販売価格に反映しています。手芸界の定番商品として、キングスパン60番3000メートルというミシン糸があります。番とは糸の太さで、番手が大きくなるほど太くなります。当店ではこの商品を360円で販売しています。他店ですと400円から600円くらいはするのではないでしょうか。

実は仕入れる糸の種類をあえて増やすことも仕入れ価格の抑制につながっています。先ほどのキングスパン60番は色が全部で417色、太さも60番以外に8種類あります。当然、商品によって人気の有無が出てきますが、当店ではすべての色、種類を仕入れています。メーカーからすれば売れ筋以外の商品も買ってくれるわけですから良い客だと思われているようです。おかげで、仕入れ先は当店の急な注文にも優先的に対応してくれるなど、小さな店相手とは思えないほど親身な付き合いをしてくださいます。

こうした仕入れスタイルは一般的ではないかもしれません。流通業者が一番避けたいのはデッドストックを抱えることです。しかし、こうしたセオリーはインターネットの登場で大きく変わったと考えています。実際、ネット販売を始めたら、それまで倉庫の片隅に積み上がっていたピンクや紫などめずらしい色の糸が少しずつ売れるようになったのです。このとき卸売りのときとは違う購買層を見つけたと興奮したものです。

――ネット販売を始めたきっかけを教えてください。

1990年代に入るころから加工賃の安い中国などへ縫製の仕事が流出し始めました。国内にある縫製工場の加工賃は下がり、受注量も減ります。当店もその影響を受けて、工場への納品の量や回数が減ってきていました。

手をこまぬいてもしょうがないので、デッドストックの糸を数本まとめて写真を撮り、インターネットオークションのサービスに出品してみました。当時は工業用ミシン糸の出品はわずかだったので、需要が無いと思っていましたが、意外に高値で落札され驚いたことを覚えています。デッドストックが高値で売れるので出品数をどんどん増やしました。

その後、オークションは出品手数料が必要になったため、出品数を減らし自分でホームページをつくりました。今となっては、ホームページづくりはプロの業者に任せる時代ですが、当時は手づくりが主流。わたしもホームページ作成ソフトを使用して、商品の写真と価格や簡単な説明だけを載せたシンプルなものをつくりました。

最初はメールで注文が届き、その内容を個別に計算して合計金額を返信するかたちで回答していました。その後、定期的にホームページをリニューアルし、インターネット上で決済ができるショッピングカート機能などを追加しました。


――当時は、ネット販売はめずらしかったと思います。お客さまは順調に増えましたか。

当店の存在をＰＲする取り組みは年３回ほどの手芸専門雑誌への広告と、自作のカタログを希望者に配布する程度でしたが、お客さまは徐々に増えていきました。しかも東京や大阪など都市部からの注文が多いのです。品ぞろえに自信ありとはいえ、商品が到着するまでに時間や送料もかかります。大きな手芸店がある地域、しかも遠方のお客さまが買ってくれるとは思ってもいませんでした。

不思議に思ったわたしは、よく注文してくださるお客さまに、どうして地元の手芸店で買わないのか聞いたことがあります。その方は当店にもあまりストックしていないマイナーな色の糸を買い求める方です。お待たせしては悪いと思い、近くの大型店を当たってみてはいかがですかと尋ねると、意外な答えが返ってきました。大型店に行ってもどうせないので、簡単に確実に買える当店を利用しているというのです。

大型店にマイナー商品がない理由は、売れ筋の黒や白などの糸以外には在庫リスクがあるからでしょう。多くの場合、受注後にメーカーから取り寄せます。お客さまからすれば注文と受け取りで2回も店舗に行くことになります。面倒ですし、配送で受け取るとすれば、当店で買うのと同じで送料がかかります。

そう考えると、店に出向く時間や交通費がかからないぶん、便利というわけです。これが受けて、手芸好きの方を中心に店の評判が広がっていったようです。

――ということは手芸好きの方がお客さまに多いのですか。

当初はそうだったと思いますが、しばらくすると手芸を始めたばかりの方、いわば初心者も増えてきました。というのも、糸に関する基本的な問い合わせが増えたからです。

なかにはミシンを買ったけど、どの糸を使えばよいかわからないといった質問もあります。適切な糸はつくりたいものと生地と針によって決まります。そこで、お客さまがつくりたいものを丁寧に聞き、最適な糸を案内するようにしました。メールや電話のきめ細かなやりとりが「神対応」としてネット上に広まったようで、お客さまはますます増えていきました。

ときには売らないことも

――いち早くネット販売における接客の重要性に気づいたわけですね。

そのうち、問い合わせ内容のパターンがわかってきました。そこでよくある質問と回答はホームページに掲載し、効率化を図っています。

ネット販売につきものの一つが購入後の返品です。ミシン糸は色が重要になりますが、ホームページの画像と現物の色は若干見え方が異なるので、交換してほしいという依頼がきます。

お客さま都合での返品は受け付けないとホームページに掲載していますので断ってもよいのですが、可能な限り応じています。色が何百種類もある商品ですから、イメージと違うことは十分に考えられますし、こだわる方は手芸の上級者である可能性が高いのです。断るより柔軟に対応し、長くお付き合いした方が良いと考えています。

もう一つ気をつけているのが、お客さまの購入量です。特に初心者の方に多いのですが、必要以上に糸を買いそろえようとする傾向があります。当店からすればたくさん買ってもらうに越したことはないのですが、購入したミシンに慣れるまでは、糸の種類を増やさないように提案しています。初心者の方がこれを機会に手芸を好きになってもらい、ステップアップし、常連となり長く当店と付き合っていただくことを望んでいます。

――開店から45年、糸の専門店としての地位を築いてきたのですね。

現在、当店の会員は約7万7000人、そのうち約2万5000人がメールマガジンの読者です。おかげさまで最近は、ネット販売の運営会社から優良ショップとして複数回選ばれました。

わたしは他店にはできないことを見つけ、磨きをかけることに力を入れてきました。顔の見えない商売が当たり前になりつつある今、個別の注文に融通の利く応対は、収益を考えればあり得ない、自己満足かもしれません。しかし、せっかく手芸の世界に興味をもち、わざわざ当店で糸を購入いただいたお客さまです。できる限りのことをしたいのです。これは昔から変わらない当店のポリシーです。

取材メモ

インターネットの登場により小売業界は大きく変化した。商圏が全国に拡大し、店舗がなくても商売が成り立つようになった。しかし、一方で競合が増えたことにより価格競争に陥りやすくなってしまった。規模の経済が働きにくい中小企業は価格だけでは大企業にあらがえない。

インターネットの糸屋さん『ボビン』は、ミシン糸に特化した豊富な品ぞろえで地位を築いた。少数の売れ筋商品だけで売り上げを稼ぐのではなく、ニッチな商品をたくさん売ることで売り上げを伸ばす、いわゆるロングテール戦略を活用した。
ただ品ぞろえを増やしても商品説明に不足があったり、店の認知度が低かったりすれば商品は売れない。同店は縫製工場を相手に培った商品知識と実店舗よりも親身な応対で多くのファンをつかんでいる。

（友山　慧太）

事例3　ニッチ×全国

自然と人と仕事とがつながる店

㈲信濃梱包

代表取締役　木下《きのした》　啓《けい》

［企業概要］

代表者	木下　啓
創業	1972年
資本金	300万円
従業者数	２人
事業内容	アウトドアショップ
所在地	長野県伊那市西町5041
電話番号	0265(98)0835
URL	http://www.works-odsk.jp

㈲信濃梱包は「アウトドアショップK」（ODSK）を営んでいる。店舗は長野県の南部に位置する駒ヶ根市と伊那市の２カ所にある。駒ヶ根店には、全国から登山客やアウトドアを楽しむ人たちが集まる。他方、伊那店には、造園・建設・林業に従事する人たちが多く集まる。両者はなぜODSKを目指すのか。店主の木下啓さんに話をうかがった。

体験をセットにした小売店

――会社の歩みを教えてください。

当社は１９７２年にわたしの両親が立ち上げた会社で、長野県内で生産されたギターの包装用段ボールなど梱包用品をつくっていました。

１９９９年、わたしは勤務先を退職し、父の後を継いで社長に就任、かねて副業として手がけていた音楽コンサートの企画を当社の事業として手がけるようになりました。生来、人と交わるのが好きなわたしは、イベントのプロデュースが肌に合っていたようです。

やがて梱包用品から撤退し、伊那市内にわたしの趣味であるカヤックや、カヌー用品を取り扱う工房を設けました。いよいよアウトドア業界に進出したわけですが、程なくしてキャンプ用品や登山用品を仕入れ、販売するようになりました。お客さまに頼まれて、わたしの知らない海外メーカーの商品を輸入することも多く、アウトドア用品の奥深さ、そして小売業の面白さを学びました。デイキャンプや登山、クライミングの体験や安全講習会などのイベントも企画するようになりました。

――仕入れや販売の面での特徴はありますか。

仕入れについては、安全性の高い商品を厳選するようにしています。自然を満喫するためには、まず安全を確保する必要があります。カヤックや登山、デイキャンプなどアウトドアの世界は常に自然の厳しさが付きまといます。最近は、デザインに凝った商品をよく見かけますが、安全性をないがしろにしていないか、使い勝手が悪くないか、厳しくチェックします。こうした目利きは、お客さまのリクエストで数多くの商品に触れるなかで養いました。

販売面での特徴は、商品のレンタルを行っている点でしょうか。当店が主催するイベントに参加して、実際に使ってみてから購入するかどうかを検討できるので、お客さまからは買い物の失敗がない、安心だと好評です。商品の正しい使い方を覚えていただくこともできます。これは都市部にあるアウトドア店にはない、当店ならではのサービスといえるでしょう。経費はかかりますが、お客さまとの信頼関係を築くためには必要不可欠と考えています。

――イベントのインストラクターは木下さんが務めているのですか。

カヌーはわたしが担当していますが、クライミングや雪山登山などについては、知識や経験が豊富で、地元の自然環境に精通したガイドや上級者の方々にインストラクターをお願いしています。

当店の役割はイベントを主催しお客さまを集めることです。地元の皆さんの協力があってこそ成り立っているサービスなのです。

――駒ヶ根に出店したきっかけを教えてください。

伊那市の隣にある駒ヶ根市に２店舗目を構えたのは２０１６年９月です。駒ヶ根といえば、中央アルプス宝剣岳を望む標高２６１２メートル地点にある千畳敷カールが有名です。ロープウェイがあり、ハイキングコースも整備されているので、全国から観光客が訪れるのですが、アウトドア用品店は１軒もありませんでした。

こうした現状に違和感をもった当店の常連客で、駒ヶ根の観光会社の社長を務める方が、飲食店の跡地に店を出さないかと誘ってくれました。当店のような、アウトドアの体験を売る店があれば観光客の楽しみが増えますし、地元の活性化にもなると考えたからで

安心があるから非日常を満喫できる

しょう。

ロープウェイで一気に標高2600メートルまで登れてしまうため、駒ヶ根にはアウトドア初心者が多くいます。装備が不十分なことも多く、レンタルの需要が多くあります。また、登山地図の読み方やコンパスの使い方、急な天候の変化への対応などを学べるイベントを新たに用意しました。今さら聞けないアウトドアの基本を学べると、人気です。

お客さまが喜んでくれることに仕事のやりがいを感じますし、わたし自身、初心に返ることができます。安全にアウトドアを満喫できるという地域の特徴を押し出すことに、微力ながら貢献できているという自負も芽生えてきました。

お客さまと話していると、仕事のヒントもたくさんもらえます。2018年8月には、店内に高さ4メートルのボルダリングウォールを設けました。雨の日でも屋内でアウトドアを楽しめたら良いな、という一言が設置のきっかけです。造りは本格的ですから、登山上級者でも楽しめます。

実は、当店は家族経営の小さな店ですし、駒ヶ根の土地勘もなかったので、一度は出店の打診を断りました。何度も説得されるうちに考えを改めたのですが、結果的に出店して良かったと考えています。イベントのバリエーションが増えましたし、お客さまの幅も広がりましたから。駒ヶ根に店を出してから、来店客の半数以上が県外の方になりました。一番良かったことは、二つの店をもったことで、かねてより進めていた新しい事業とのすみ分けが明確になったことです。

アウトドアの研究開発拠点

――新事業について教えてください。

ＢｔｏＢの事業です。駒ヶ根店のオープンと前後して、伊那店では取り扱う商品の構成を少しずつ変えてきました。

駒ヶ根店は靴やつえ、バックパックなど、いわばアウトドアスポーツを楽しむ人たちを対象にした商品構成です。対する伊那店は、ホームセンターの工具売り場をイメージしていただくとわかりやすいでしょうか。ロープやウインチ、ヘルメットなどを置いています。主に造園業や建設業、林業の仕事で高所作業を行う人たちを対象にしているのです。店名も「アウトドアショップＫワーキング館」に改めました。

―― BtoBに進出しようと考えたきっかけは何だったのですか。

スタートは2009年ころ、伊那市にある森林組合から受けた相談事でした。組合では、ロープを使って木に登ったり、木から木へ移動したりするロープクライミングを樹木の伐採に活用する特殊な技術を研究していました。そのなかに、ヨットをルーツにしたロープの技術がありました。組合員の一人が海外製のロープを取り寄せていたのですが、量と金額が大きくなり個人では負担しきれないので、当店で仕入れてほしいというのです。

インターネットで調べてみると、海外にはたくさんのロープ専門店がありました。そこでわたしは専門店のスタッフに指導を仰いだり、海外文献を当たったりして、器具や技術について調べることから始めました。ロープについて多少の知識はあったので理解は進みましたが、道具や技術オタクのわたしですらすごいと感じるほど、奥深い世界が広がっていました。

木の上での作業には、大きな危険が伴います。わたしは

海外から取り寄せたロープの数々

さまざまな種類のロープや補助具、ウインチなどロープクライミングをサポートする道具を輸入して、使い勝手の研究を進めました。伊那店の裏手には、当社が保有する山林がありますので、そこでテストを繰り返していました。

やがて、これらの道具をネット上で販売するようになりました。利用者のためになると考え、ホームページにはできる限りの情報を掲載しました。やがて注文がぽつぽつと入るようになり、技術を指導する講習会の開催を頼まれるようにもなりました。というのも、建設業に従事する人たちから問い合わせが相次いだのです。地元の方々の助けを借りながら、講習会を開くようになりました。

――問い合わせが相次いだのはどうしてでしょうか。

ロープクライミングの技術を樹木伐採に応用する動きが造園業や建設業界に出始めていたのです。地震や大雨など、近年多発している自然災害では、老木が倒れて二次被害をもたらす事態が多発していました。

あらかじめ伐採しておけばよいという簡単な話ではありません。問題になっているのは、クレーン車など重機を搬入できない場所に生えている、つまり伐採しにくいから放置されてきた木です。実際、山間部を走る鉄道の線路脇の法面《のりめん》に生えている木が倒れて架線を切ってしまった、あるいは神社仏閣の境内にある木が倒れてきて建造物を壊してしまった、といった被害が起きていました。ロープクライミングなら、ロープとウインチ、チェンソーで樹木の倒れる方向をコントロールしながら伐採できます。場所の制約を受けません。

ハブを目指して

――ノウハウを学べるという評判はどうやって広まったのですか。

二つのルートがあります。一つはロープやウインチの品ぞろえです。インターネットで販売している店は多くありますが、実際に使い勝手を試せる店はほとんどありません。

もう一つは、お客さまの紹介です。技術に関する情報が少ないなか、当店が提供する知識やノウハウが利用者の間で評判となっていたようです。講習会に参加すれば全国の同業者と知り合うこともできます。企業同士、技術者同士をつなげるハブとしての機能も評価されたのでしょう。

近年、高所作業の安全性を確保するために規制を強化する法改正がありました。これは我々にとって追い風となりました。年に数回、実際にロープクライミングの技術を活用して樹木伐採に取り組んでいる事業者が当店に集まり、より安全に作業を進めるための改善策を検討しています。これにともない、いっそう専門的な技術に特化した講習会も開催するようになりました。建設業界や運輸業界の大手の担当者が視察に来ることもあり、当店が蓄積してきたノウハウに対する関心の高さを実感しています。

――それだけニーズが高まっているわけですから従業員を雇って建設業に参入すれば、御社の収益機会は増えるのではありませんか。

そこまでは考えていません。講習会の運営と商品販売をセットにした今の形態がベストだと思っています。ありがたいことに、当店で講習を受けた建設業者の多くが当店で商品を買ってくれますし、商品の使い勝手をフィードバックしてくれます。品物によっては他店で

緊張感あふれる講習会

買うほうが安いこともあります。それでも当店を利用してくれるのは、次の仕事につながる仲間に出会えるからだと思います。わたしはアウトドアショップの店主として、彼らの出会いと仕事をサポートする責任を果たしていきたいと考えています。

――お互いの役割を見出すことで存在感を高め合っているのですね。

小さな店ですから欲張ることはできません。わたしの仕事は、アウトドアの安全を考え、導き出した答えをお客さまに提供すること。毎日、大好きな自然に囲まれながら、たくさんの人と出会い、一緒に仕事できる。こんなに幸せなことはありません。わたしたちにかかわってくれたすべての方々に感謝しています。

取材メモ

駒ヶ根市は東京から車で約3時間、名古屋からは約2時間と、アクセスが良い。それゆえに日帰り観光客が多い。時間を気にせず南信州の自然を満喫してほしいと考える木下さんは、2017年に「南信州アウトドア協議会」を立ち上げ、観光資源の開発にも取り組んでいる。

年に1回、新緑がまぶしい5月の週末に主催する「アウトドアフェスティバルｉｎ駒ヶ根高原」は、釣りやクライミング、本格的バーベキューなどを一気に楽しめる。2回目の開催となった２０１９年は、若者や親子連れで盛況だったそうだ。安心して楽しめる工夫があるのだろう。

協議会には観光業者や飲食業者、保険代理店、ＩＴ企業など約50社が参画している。異業種のメンバーをまとめるのは大変そうだが、「商売抜きで地域貢献する志を共有できる人だけが入会できる組織ですから、苦労はないです」と話してくれた。木下さんの姿勢にたくさんの共感が集まっている。

（藤田 一郎）

事例4　ニッチ×全国

人生に寄り添う写真館

㈱写真のたなかや

代表取締役　鈴木《すずき》 克明《かつあき》

［企業概要］

代表者	鈴木 克明
創業	1941年
資本金	3,000万円
従業者数	30人（うちパート10人）
事業内容	写真業
所在地	神奈川県川崎市高津区溝口4-6-28
電話番号	044(822)3466
URL	https://photo-tanakaya.co.jp

1年を通して、証明写真の撮影目当てに来店する人が絶えない写真館がある。もうすぐ創業80周年を迎える㈱写真のたなかやだ。自動証明写真機やデジタルカメラの普及で自ら簡単に写真を撮影できるようになった今、なぜ人が集まるのだろうか。鈴木克明社長に話をうかがった。

証明写真の撮影で一躍有名に

――店舗の特徴を教えてください。

当店は１９４１年にわたしの父が創業したのが始まりです。１９５５年に父が病で亡くなると、母が一人で店を引き継ぎました。わたしは同業の他店で経験を積んだあと、１９６６年に当店に入りました。入店後も写真の腕を磨き、１９７９年に国家資格である一級写真技能士を神奈川県内で初めて取得しました。妻の寄里枝《よりえ》と共に店を切り盛りし、徐々に事業を拡大してきました。

当店の特徴を挙げると、大きく二つあります。一つ目は撮影スタジオの数です。４階建ての本館と道路を挟んで向かいにある別館を合わせ、記念写真や証明写真の撮影スタジオが全部で４カ所あります。街の写真館としては多いほうだと思います。

二つ目は美容室を併設していることです。撮影前に美容師によるヘアメイクを受けることができます。撮影の目的に応じて華やかにしたり自然な感じにしたりして、撮影に臨んでもらいます。当店はレンタル衣装も豊富にそろえています。お宮参りや七五三、成人式、卒業はかま、結婚式用の衣装が合計500着ほどあり、他店に引けをとりません。
事業の柱は、記念写真や証明写真の撮影で、全体の売り上げの5割程度を占めます。そのほか、神奈川県内や東京都内にある学校でのイベントや卒業アルバムの出張撮影、幼稚園のお遊戯会や企業のPR用動画の制作など、幅広く手がけています。

——証明写真の撮影で来店する方が多いとうかがいました。

証明写真のなかでも就職活動の履歴書用や受験の願書用の写真撮影が多いです。毎年、証明写真だけで5000人は来店されます。撮影は、受験用であれば12月から1月、就職用であれば2月から3月に集中します。1日に50人以上を撮影することもあります。基本的に県内のお客さまがメインですが、全国から新幹線や飛行機を利用して日帰りで来られる方も少なくありません。撮影はなるべくわたしが行いますが、多いときはスタッフ数名で応対します。
価格は、一般的な履歴書用の4×3センチメートルの写

4階建ての本館

真が3枚セットで3000円です。画像修整を施し、撮影の翌々日までに仕上げます。割増料金をいただきますが、撮影当日にお渡しすることもできます。

人気があるのは、ヘアメイクとセットのプランです。撮影料込みで男性は5000円から、女性は6000円からご用意しています。証明写真は背景がないうえ、真正面から撮影するので顔全体のつくりが目立ちます。髪形や表情、特に目の周りは第一印象に大きく影響します。眉毛の形を左右対称で自然な形に整えたり、目の下のクマを隠したりするだけで、きりっとした印象になります。

――証明写真は一度撮影すれば、繰り返し撮ることはないと思います。なぜ多くの方が来店するのでしょう。

証明写真の撮影で来店されるお客さまの大半は、初めて当店を利用される方です。当店のことをどのようにして知ったか尋ねると、家族や友人からの紹介だといいます。特に受験用の写真は、学生とともに来店される保護者による口コミで広がっているようです。

ほかには、マスコミで採り上げられた情報を見て来られる方もいます。きっかけは20年以上前にさかのぼります。当時は、七五三や成人式といった記念写真の撮影がメインでしたが、その分野に大手写真館の参入が活発になり、業績に影響が出るようになりました。
こうしたなか、妻がわたしの撮影した写真がどのレベルにあるのか実力を試したいと言いました。一般的にわたしたちのようなカメラマンは、写真を客観的に評価される機会がありません。他人から認められれば、大手と差別化するための「売り」になると考えたのです。

――どのようにして試したのですか。

当時大学3年生で新聞記者を志望していた長女の入社試験の応募書類に、わたしが撮影した写真を貼付しました。応募したのはアナウンサーの入社試験です。アナウンサーなら写真による第一印象が書類審査の合否を大きく左右すると思ったからです。東京と地方のテレビ局4社の入社試験に応募した結果、書類審査はすべて通過しました。1997年のことです。
他方、同じ頃、偶然にもテレビ局の取材を受ける機会があり、このエピソードを話したところ、後日番組で放送されたのです。それ以来、証明写真の撮影で来店する方が急増しました。実際に撮影したお客さまが、アナウンサーやキャビンアテンダントに就職すると、縁起の良い写真館として口コミで評判になり、定期的にマスコミで採り上げられました。

ときには優しくときには厳しく

――何か他店より優れた撮影技術があるということですか。

光の当て方や構図の取り方といった技術に自信はありますが、当店が特に優れているわけではありません。ポイントは、被写体がもつ魅力を引き出すことだと思っています。例えば、目は証明写真で重要です。絶対に合格したいという思いを込めると、自然と目力が強くなり、頼もしい表情になります。ただ、それがなかなか難しい。本人にとって人生を左右する大切な写真です。当店は、最高の表情を引き出すため、しっかり時間をかけて撮影に臨みます。

手順を説明すると、はじめに写真の使用目的や撮影に当たっての希望など、簡単なアンケートに記入してもらいます。そのうえで、撮影前に必ず5分から10分程度会話をします。撮影はそれらが終わったあとです。

――どのような会話をするのですか。

試験本番の面接を想定した会話で、妻が担当します。こちらが面接官となり、志望動機や将来の目標などを聞きます。回答があいまいだったり、熱意が感じられなかったりすると、「わたしなら不合格にするよ」と指摘することもあります。

また、最初に記入してもらったアンケートの書き方のほか、字そのものを見て感想を伝えます。字はその人の個性や性格を表します。履歴書を丁寧に書いても、面接当日に記入した書類の字が雑だったら、面接官の心証を損ねるかもしれません。

こうした撮影前のやりとりに最初は戸惑う方もいますが、次第に合格したいという気持ちが湧いてくるようです。確実に表情が豊かになっていきます。実は、妻は元助産師ということもあって、話し好きで相手を勇気付けることが得意なのです。

――気持ちを高めて撮影に入るのですね。ほかに意識していることはありますか。

撮影する側も笑顔になることです。写真にはカメラマンの気持ちも写り込むからです。こちらが笑顔になれば、お客さまも自然な笑顔をつくりやすいでしょう。また、わたしが撮影している間、妻がお客さまのすぐそばから声をかけます。「もう少し口角を上げて」「あごを引いて」といった具合です。撮影は納得のいく写真が撮れるまで、できるだけ多くのカットを撮ります。そして、こちらが数枚に絞り込んだ写真のなかから選んでもらいます。

撮影が終わっても、やりとりは続きます。撮影や会話を通して、こちらが気になった点をフィードバックします。例えば、緊張すると猫背になりやすいとか、会話のなかで「えっと」「あのー」といったつなぎ言葉が多いなど、面接で注意すべきことは遠慮なく伝えています。

最後に、ささやかではありますが、ご縁のある会社や学校に入れるよう、鉛筆をプレゼントします。合格するという強い気持ちをもって最後まで諦めないでほしいという思いで、鉛筆が入った袋にその場で「一念、信念、執念、正直」など書き入れます。試験当日までにこの袋を見て、自らを奮い立たせてもらいたいからです。

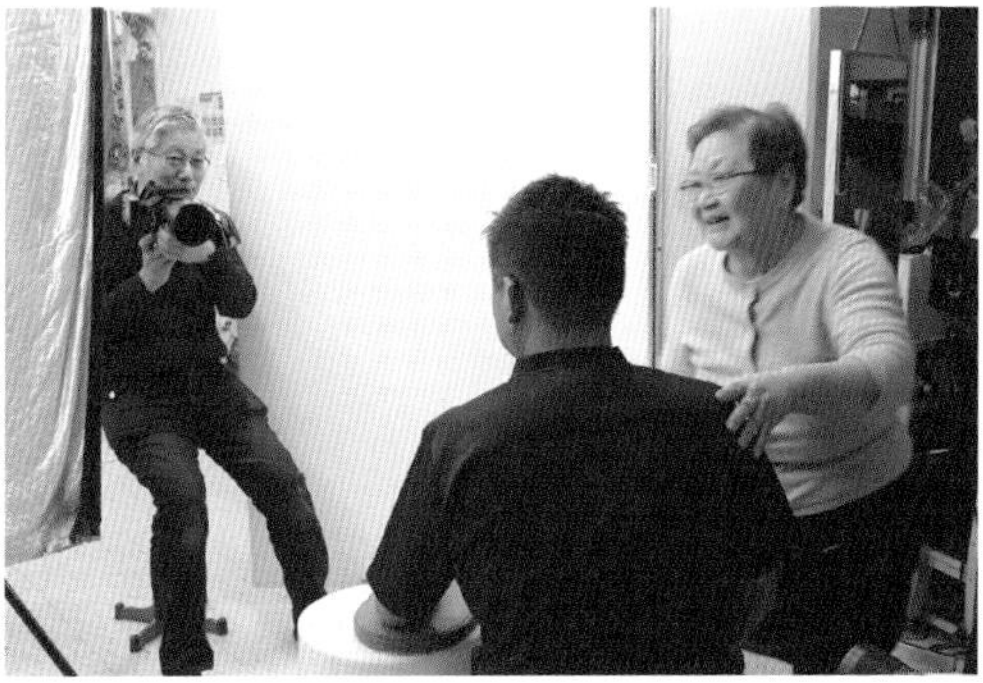
二人三脚での撮影現場

――撮影時間を短縮すれば、もっと多くの人数を撮影できそうですが。

わざわざ当店に足を運んでくださったわけですから、アンケートや会話を通じてお客さまを十分に知ったうえで撮影に臨みたいと思っています。それによって良い写真が撮れるので、相対的に修整にかける時間を短縮できます。全体を考えればそれほど非効率ではありません。

お客さまのなかには、撮影よりも写真の修整を念入りにしてほしいという方がいます。そういう方には、他店を勧めます。撮影に時間をかけ、お互いが納得できる1枚を追求するのが、当店のスタイルだからです。

もちろん、当店で撮影されたお客さまが、必ず第一志望に合格するとは限りません。写真はあくまでも見た目を印象付ける一つの材料です。最後は本人の努力次第ですから、就職活動や受験に向けて気持ちを高めてあげたり、アドバイスしたりして後押しできればと思っています。

お客さまから「合格しました」「アドバイスのおかげで面接がうまくいきました」といった手紙を多くいただきます。喜びの声は何よりもうれしく、もっと頑張ろうという気持ちにさせてくれます。

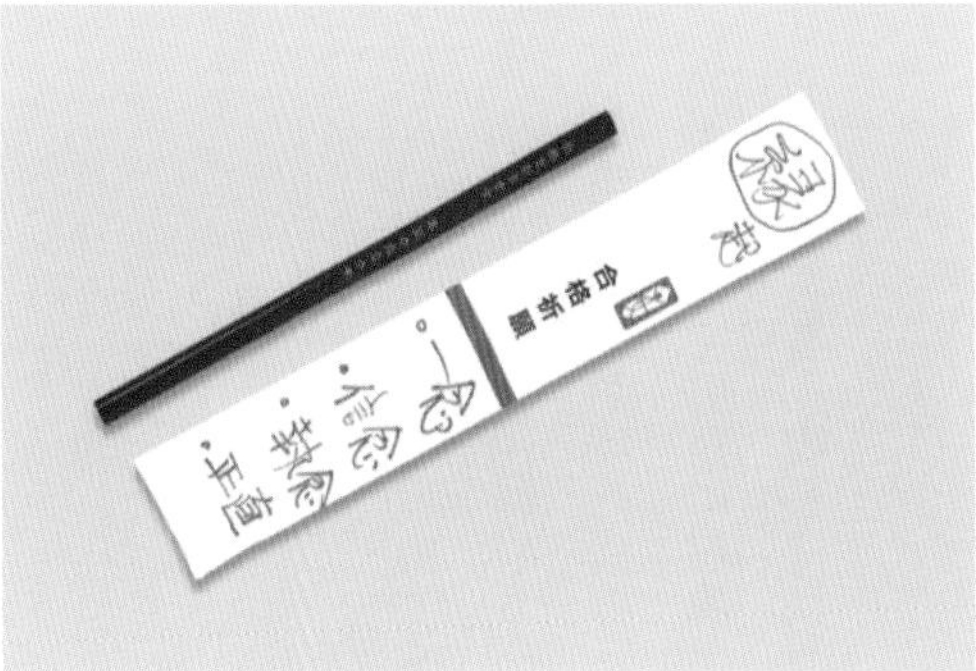

思いを込めた合格祈願の鉛筆

人生を写す

――証明写真以外の撮影でも会話を大切にしているそうですね。

良い写真を撮るために、被写体となる方のことを知りたいというのが、大きな理由です。先日、建設業の現場監督を50年間務めた方の遺影を撮影しました。奥さんの勧めもあって、家族のために撮影を決めたそうです。撮影前の会話で、大きな建物を手がけた武勇伝や悪天候のなか工事を進めた苦労話などをうかがいました。常に先頭に立って勇猛に現場を指揮してきたに違いありません。わたしは、これまで周りに見せてきたであろう姿とは真逆の優しい表情を写したところ、満足していただきました。

こうしたエピソードや撮影時のこぼれ話を、地域広報紙や当店のホームページで、撮影した写真と共に紹介しています。もちろん、ご本人の承諾が得られた場合に限られますが、お客さまには記念になったと喜ばれます。当店にとっても、これが魅力ある広告になるので、ありがたい限りです。地域広報紙への掲載は月に1度のペースで、もう15年以上も続けています。

――写真家としての活動もされているそうですね。

これまで、40歳から50歳代の女性の日常の姿や市議会議員の活動の様子といった特定の人にスポットを当てた作品の写真展を開催しました。目的は、大きく二つあります。

一つは、写真館のカメラマンなら、その人の魅力を十分に引き出した写真を撮影できるということを知ってもらうためです。わたしが入店したころは、当店のような写真館が川崎市内に40軒以上ありましたが、今は数軒ほどしか残っていません。当店のことを知ってもらうのはもちろん、写真館の存在意義を多くの人にアピールしていきたいと思っています。

もう一つは、頑張っている人たちを多くの方に見てもらうためです。被写体となった方々には、いつまでも輝いてほしいですし、ほかで頑張っている方にも写真を通じてエールを送りたいという思いがあります。これからもお客さまの最高の表情を撮れるよう邁進《まいしん》するとともに、人生に寄り添える街の写真館でありたいと思います。

取材メモ

同店が顧客に選ばれ続けるのは、写真撮影を通じて一人ひとりの人生と真摯《しんし》に向き合っているからだ。証明写真の撮影では、面接試験を思わせる会話によって被写体が秘める闘志を呼び起こし、自信に満ちた表情を引き出す。証明写真以外でも、写真の用途やその日来店するに至った経緯などを会話のなかで把握し、その人にふさわしい最高の瞬間をカメラに収める。どれも被写体から溢れ出た魅力が写し撮られ、他店にはまねのできない写真として現像される。

写真の出来栄えだけではない。撮影自体も「売り」になっている。受験を控える学生は、寄里枝さんの言葉で本番のイメージを描くだろう。遺影の撮影に同行した奥さんは、普段見せない柔和な表情でカメラを見詰める夫を見て、来て良かったと微笑んだに違いない。人生の節目に寄り添う同店の取り組みは、街の写真館が生き残る道を示してくれる。

（葛貫　怜）

事例5　ニッチ×全国

職人と顧客が主役になれる演出術

職人《しょくにん》　.com《ドット　コム》㈱

代表取締役　櫻井《さくらい》 慎也《しんや》

［企業概要］

代表者	櫻井 慎也
創業	2004年
資本金	1,000万円
従業者数	3人
事業内容	日本製工芸品のオンラインストアおよびショールームの運営
所在地	京都府京都市上京区藤木町795-2
電話番号	075(415)0023
URL	https://www.shokunin.com

どこにいても欲しい商品をすぐに検索し、手軽に買い物ができる時代が到来した。日本製の工芸品や日用雑貨を取りそろえたオンラインストア「職人.com」は、日々の生活を豊かにする品々で、顧客の心をつかんでいる。画面の向こう側にいる人たちの購買意欲をかき立てる逸品をいかにして集め、その良さを伝えてきたのか。サイトを運営する櫻井慎也さんに話をうかがった。

一品一品を厳選

――販売している商品について教えてください。

日本の伝統技術や職人さんの手仕事によってつくられた日用品です。食器やキッチン用品を中心に、文具やインテリア雑貨など幅広い商品を販売しています。取り扱っているブランドの数は、１００を超えます。価格帯は、包丁であれば８０００円から１万３０００円程度、土鍋なら３０００円から1万５０００円ほどです。

取り扱う商品を決める際には、品質、実用性、デザイン、独自性の四つの基準を満たし、かつわたしが本当に良いと思うかどうかで判断しています。メーカーさんや職人さんたちから職人.ｃｏｍで販売してほしいとお願いされることもありますが、残念ながら、ほとんど採用には至りません。

職人.ｃｏｍは商品数を追わず、商品一つ当たり多くても数点の取り扱いしかありません。妥協せずに選び抜いたものだけを販売しているからです。お客さまはもちろんのこと、商品を卸してくださるメーカーさんからも喜ばれています。

――ほかにどんな特徴がありますか。

多くのオンラインストア同様に、当社も在庫をもたない販売形態からスタートしましたが、現在は全商品の7割程度を在庫として保有しています。在庫のなかには、完成まで数カ月から数年かかるものもあります。当社が在庫をもつリスクを取ることで、お客さまとメーカーさんの橋渡しをする。これが当社の存在価値の一つなのです。

在庫を多数抱えて運営するオンラインストアのプラットフォームを築くためには、商品の回転率を上げる必要があります。それにはまず、職人.comへのアクセス数を増やさなければいけません。信頼を得て、リピーターの方々に定期的に購入していただけるようになるまでは、苦労しました。

――どういった苦労でしょうか。

大変幸運なことに、創業間もない2006年ごろからすでに、あちらこちらで注目されるようになりました。当時、日本の工芸品を販売し、さらには英語版のオンラインストアも展開しているような企業は、ほとんどなかったため、地元の新聞や雑誌、テレビ番組から取材を受けたのです。ほどなくして、全国紙にも取り上げられるようになり、創業から3年間で約40もの媒体に掲載していただきました。

テレビ番組などで当社の取り組みが話題になると、取材や講演依頼の目的でわたしに会いに来られる方が急増しました。お断りせずに依頼を引き受けていましたが、しばらくしてメディアに出なくなるとお呼びがかからなくなり、売り上げも低迷しました。

メディア露出による知名度の向上は一過性にすぎない。職人.comが安定成長していくには、高い頻度でアクセスしてくれる常連のお客さまの存在が必要だと痛感しました。以来、方針転換し、つくり手とお客さまが主役のオンラインストアを目指しています。職人さんが丹精込めてつくった品を大切に使ってもらうためにも、その素晴らしさを地道に伝えることで、仕入先とお客さま双方の信頼を得なければなりません。

仕入先の開拓では、製品の素晴らしさを理解したうえで取引をお願いすることはもちろんです。ただ、製品に対する感動を熱っぽく語るよりも、製品を確実に売るための工夫を冷静

職人.comならこれらの品々が一度にそろう

に説明するほうが、理解を得やすい面もあります。特にオンラインストアのデザインに凝らした工夫については、詳しく説明しています。

長く愛されるための仕組み

――どのような工夫でしょうか。

三つあります。一つは臨場感です。実際にお店で商品を手に取っているかのように感じられ、さらには使う場面のイメージが湧くようにしています。商品の質感が伝わるように、大きくアップにした写真をわたしの妻が撮影しています。また、サイズ感をつかみやすいように、中心顧客である女性の手で持ったときの写真も載せています。

商品に宿るストーリーが伝わりやすいように、製造過程や使用時の動画を載せています。意外なことに、オンラインストアでも実店舗以上の臨場感を伝えることが可能なのです。

二つ目はオンラインストアならではの利便性をあえて抑えている点です。一般のオンラインストアではカテゴリー別に商品が掲載されているのを見かけると思います。「キッチン用品」

という大きなカテゴリーのなかに「鍋・フライパン」といった小さなカテゴリーが分類されているものです。当社ではあえてカテゴリーを撤廃しました。

職人．ｃｏｍでは３００種類以上の商品を販売しているので、お客さまからカテゴリー別に掲載してほしいと頻繁に頼まれます。ただ、産地も素材も製法も異なるものを同じ用途というだけで隣に掲載することに違和感をもったことが最大の理由です。

とはいえ、商品間の回遊性を高めるために、掲載方法を一工夫しています。例えば、急須の販売ページでは、別のブランドの商品である湯飲みと一緒に使っている写真を載せています。もちろん、湯飲みのページに飛べるようになっています。複数のブランドの商品を組み合わせた写真をさり気なく掲載し、いろいろな商品を見てもらえるようにしています。

三つ目は、口コミ特典やポイント還元などがないことです。口コミ特典をつけないのは、お客さまが厚意で口コミを寄せてくださるからです。これまでに寄せられた２５００件以上の口コミはすべて、商品の購入を検討されているほかの方の参考になるようにと、お客さまが送ってくれたものです。これ以上に価値ある口コミはないと、いつも感謝しています。また、ポイント還元しないのは、当社のショールームを含め、全国にある工芸品の販売店さんとの共存共栄を目指しているためです。

その代わり、送料は日本全国どこでも無料です。オンラインストアで気に入ったものを見つけて、カートに入れたにもかかわらず、最後の画面で送料を見て、思わず画面を閉じてしまったことはありませんか。これではせっかくの出会いが台無しですよね。熨斗《のし》やプレゼント包装も無料です。「まずは一点だけ買ってみよう」という方の背中を押しています。

――お客さんはどういう人が多いのですか。

お客さまの半分以上が30～50歳代の女性です。手仕事でつくられた品々のもつ温かみを日々の生活に取り入れたいという方や、調理器具の段階から料理にこだわりたいという方が多いです。

女性のお客さまには、使ってみて良かったものをほかの方に伝えたいと思われている方が多く、たくさんの声をいただいています。わたし自身、気付きを得ることも多く、お客さまの声は当社にとって最も価値のあるものといえると思います。

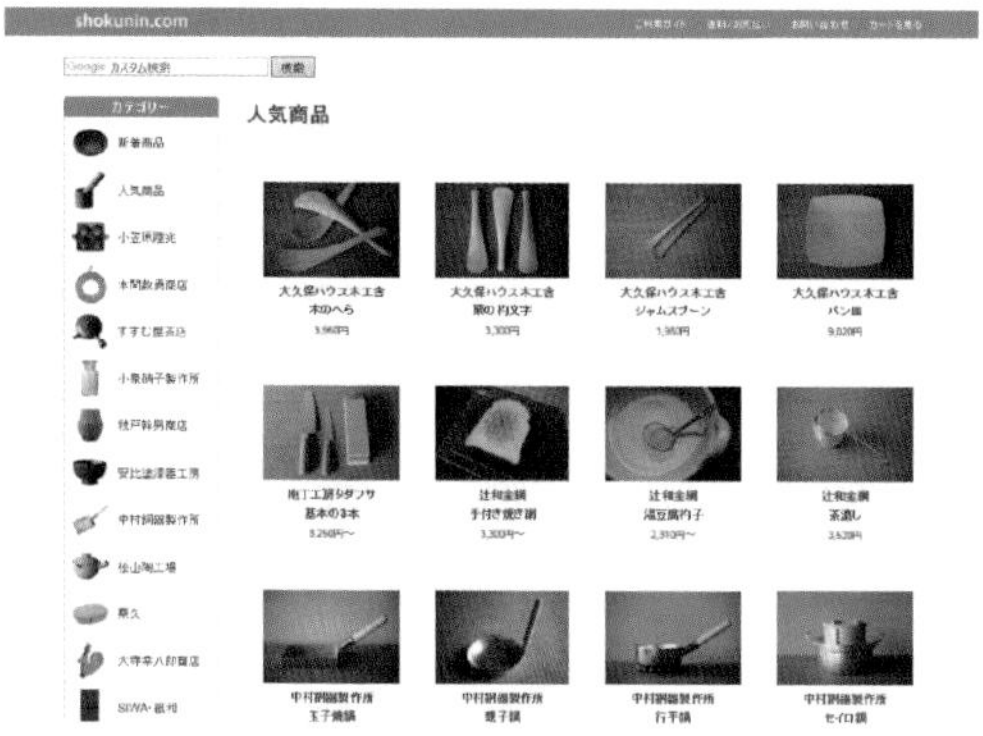

職人.com オンラインストア

――どのような声が寄せられるのですか。

大きく二つあります。

一つ目は、商品到着のスピードに驚く声です。17時までの注文であれば、在庫があるものはその日のうちに発送しています。自社内で検品から梱包まで行うことで、迅速で正確に、お客さまの要望に沿った内容で発送できます。

二つ目は、実際に使ってみた感想です。いつもよりおいしく料理がつくれたといった声や、調理道具をうまく使うコツなどさまざまなコメントが寄せられます。つくった料理の写真を送ってくれる方もいます。

ごくまれに辛口の意見もあります。価格に見合った商品なのか厳しい目で見ている方が多く、こうした反応を踏まえて、取り扱いを見直すこともあります。メーカーさんにもフィードバックします。

新商品や品切れ商品の再入荷の予定などをいち早く知りたい方には、ブログやメールマガジン、フェイスブックなどで情報を提供しています。メールマガジンの読者は1万7０００人を超え、当社のフェイスブックページは国内から約20万人、海外から約34万人の計54万人の「いいね！」をもらっています。

職人技を海外へ

——海外の人たちからも支持されているのですね。

オンラインストアとブログは日本語のほか、英語、中国語、韓国語、フランス語、スペイン語、ロシア語にも対応しています。海外向けの送料は一律2800円です。何点注文しても送料は変わらないため、購買意欲の旺盛な中国や米国の人たちは、まとめ買いすることが多いです。

海外のお客さまにとって日本の工芸品を日本の販売店から直接買えることは、安心材料の一つになっているようです。海外の方に特に驚かれるのは、梱包状態の良さや注文から5日程度で届く配送の早さです。対応言語を増やした効果もあり、今、海外での売り上げは大きく伸びています。

翻訳に当たるのは、京都大学や同志社大学などに在学中の帰国子女や留学生の5人のアルバイトスタッフのほか、2018年に中国語圏への販売を強化するに当たり採用した、大学院を卒業したばかりの中国人の正社員です。スタッフたちは翻訳のほか、京都市内にあるショールームの接客も担当しています。外国人観光客の来店が多いので助かっています。

――オンラインストアが好調のなか、あえてショールームを設けた狙いは何でしょうか。

現在、京都市内で2カ所のショールームを運営しています。２０１８年にオープンした三条ショールームと、本社がある今出川ショールームです。来店する方の半数は、職人.ｃｏｍを知らない方々なので、オンラインストアの存在を知ってもらうきっかけになっています。また、実物をご覧になりたい方や、オンラインでの注文が苦手な方にも来ていただいています。

三条ショールームは、大正時代に建てられ、国の有形文化財に登録されている旧不動貯金銀行の建物のなかにあり、80点ほどの商品を展示しています。今出川ショールームは、京町家二棟の建物内にあります。本社と一体となっているため、ショールームというよりも事務

今出川ショールーム

所内にある直売所といったほうが近いです。在庫もたくさんあります。こちらの建物はわたし自身の住まいも兼ねているので、暮らしのなかで使ってみて良かったものを紹介する場にもなっています。日本の伝統が詰まったこの空間で生活することで、感性を磨いています。

職人.ｃｏｍは良質な品を求める人とつくり手が出会えるプラットフォームとして成長してきました。今後は、多言語化を進めてプラットフォームの裾野を広げていきたいです。日本ならではの良さを形にする職人さんにフォーカスすることで、自国の伝統技術や文化に価値があることをより広く国内外に発信していきたいと思います。

取材メモ

今回訪問した本社の京町家の建物は、大通りから少し入った静かな場所にある。建物のなかには掘りごたつや小さな中庭があり、職人.ｃｏｍで取り扱っている品々がぴったり似合う空間であった。自然光がやわらかく差し込むため、商品の撮影にも良い環境なのだそうだ。

職人.ｃｏｍのオフィシャルブログはほぼ毎日更新され、多いときには1日に3回にもなる。入荷情報だけではなく、商品の食器で彩られた櫻井さんの食卓の様子も掲載されている。

珠玉の一品に囲まれた暮らしを見ていると、自分の生活にも取り入れてみたくなる。

今や当たり前となったネット販売だが、櫻井さんは業界のセオリーをあえて無視した。カテゴリー別掲載やポイント還元をしないなどのポリシーをもって一から組み上げてきたことで、職人．ｃｏｍはお客さんと職人が集うステージになっているのだろう。

（青木　遥）

事例6　ニッチ×全国

針が動いて
よみがえる思い出

新光時計店

松浦《まつうら》 光司《みつし》

［企業概要］

代表者	松浦 敬一
創業	1770年代
従業者数	3人
事業内容	時計修理、時計・眼鏡販売
所在地	広島県呉市豊町御手洗226
電話番号	0823(66)2429
URL	http://www.shinko-tokei.jp

広島県呉市、瀬戸内海に浮かぶ大崎下島の御手洗《みたらい》は、江戸時代に人工的に埋め立ててつくられた港町だ。明治時代にかけて、日本各地の産品を運びながら売買する北前船《きたまえぶね》が寄港して商売の町として繁栄した。現在は3,000人ほどが暮らす穏やかなこの島に、全国各地から、ときには海外から、思い出の詰まった時計が集まる時計修理店がある。

修理を断られた時計が集まる

――長い歴史のあるお店ですね。

当店は江戸時代に米問屋としてスタートし、食料品や薬、雑貨などを扱うなかで、明治時代頃から時計を扱うようになりました。当時の時計はぜんまいを動力にした機械式で、定期的な分解洗浄、オーバーホールや修理が必要でしたから、同時にメンテナンスも手がける必要がありました。昭和初期に現在の店名となり、１９６３年にわたしの父、敬一が店に入りました。わたしは２０１２年に店に入り、今は親子二人で時計の修理を行っています。

時計と眼鏡を取り扱っていますが、現在は、売り上げの多くを時計修理が占めます。修理する時計の数は年間３００個ほどで、日本全国から依頼があります。お客さまは、会社の周年記念や婚礼の記念品など思い出の時計を持っている60歳代から70歳代の方が多いです。

――離島にもかかわらず全国から依頼が来るのはなぜでしょうか。

全国から修理依頼が来るようになったのは父の代になってからです。それまでは島内や遠くても広島県内の方がほとんどでした。父は直せると思ったものはすべて引き受けて修理してきました。そのうち「メーカーで修理を断られた時計でも直してもらえる」という評判が口コミで広まったようです。

２０００年代に入ってからは、たびたびメディアで取り上げられるようになり、県外のお客さまが増えていきました。当店を紹介したテレビ番組が海外で放送されると、外国に住む方からも依頼が来るようになりました。

——直せないといわれた時計でも修理できるのはどうしてでしょうか。

時計メーカーに修理を出した場合、部品が在庫にあれば修理をしてくれます。ただ、部品がないと時計メーカーは対応してくれません。壊れた部品の修理は、交換よりも手間とコストがかかりますし、対応する技術者によって品質にバラツキが生まれる可能性もあります。

販売用の時計やメガネが並ぶ

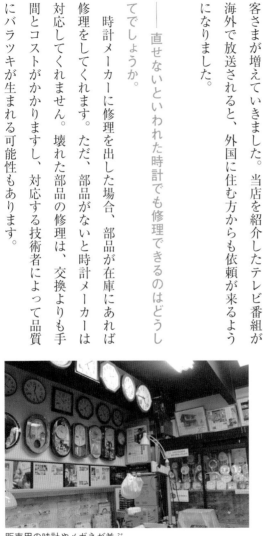

他方、当店のような修理店は各メーカーの部品を横断的に使えます。古いものは、メーカー自体がすでに存在しないこともありますし、部品の確保が問題になります。ただ、同じメーカーの類似製品や他社製品のなかには似た形状の部品があることもあり、流用や加工などによって、代替できる場合もあります。再び時計が動き出す可能性はあるのです。

古い腕時計を修理してほしいと、あるお客さまが来店したときのことです。とりあえず中を見ようと裏蓋《うらぶた》を開けた途端、その方は泣き出してしまいました。聞くと、時計は家族の大事な形見で修理業者をいくつも回ったが、状態がひどく、中も見ずに断られ続けたそうです。ようやくたどり着いた当店で、初めて時計の裏蓋を開けられたことに、思わず感極まったそうです。

古い時計になるほど、部品が手に入らない可能性は高くなります。部品を探し回って入手するまでに1年以上かかったこともあります。ただ、どうしても部品を用意できず修理が不可能な場合は、時計を分解したり、部品を探したりした時間が無駄になってしまいます。もちろん売り上げもゼロです。

時計は分解しないと確認できない部分が多く、修理できる見込みがあるかどうかを判断するためには、十分な知識や経験が必要です。ただし、どんなに知識や経験があっても、判断が難しいこともあります。それゆえ古い時計の修理は、敬遠されがちなのです。

当店に寄せられる時計の9割以上は、ほかの修理店で断られたものです。それでも当店は修理の可能性を追求します。百貨店の外商や同業者から修理を依頼されることもありますが、基本的には断っていません。修理に時間がかかる時計ばかりですし、分解するうちに新たな不具合が見つかり、追加料金が必要になることもあります。これまでの経験から納期や料金に関するトラブルを防ぐためには、お客さまと直接やりとりできる態勢が大切と考えています。

手書きだから伝わる

――注文の流れを教えてください。

時計を預かる前に、メーカーや購入時期、故障の経緯などを電話やメールで詳しく聞いています。一般の修理店は直接持ち込まれることが多いと思いますが、当店はアクセスのけっして良くない島にあります。郵送で時計を預かることも少なくないので、事前の聞き取りで依頼を受けられる時計かどうか判断しています。

最近の時計は、そのメーカーでないと対応できない特殊なモデルもあります。こちらで調べたうえでメーカー対応のほうがお客さまのメリットになる場合、メーカー対応で話を進めることもあります。

打ち合わせがまとまると、時計を預かります。作業に取りかかる前に一点ずつカルテをつくっています。2014年から始めた取り組みです。カルテには、時計の情報はもちろん、時計に関する思い出や、印象に残ったお客さまのエピソード、家族のことなど、相談の際にうかがったお話も残さず記しています。カルテを束ねたファイルは1年で5センチメートルを超える厚みになります。

――作業に関係なさそうな情報まで記録しておくのは手間が増えるだけのような気がします。

当店では大切なプロセスだと考えています。理由は二つあります。一つは、お客さまが時計とともに過ごしてきた生活や時計を保管していた環境の話から、不具合を起こした理由が見つかることも多いからです。

もう一つは、お客さまとのつながりを大切にするためです。一度修理するとメンテナンスの大切さに気づいて、オーバーホールを定期的に依頼してくれるお客さまが多くいます。いわゆるリピーターですが、時計の修理ですから接点はせいぜい数年に1回です。だからといって依頼のたびに思い出話を聞くわけにはいきませんからね。カルテを読み返せば、久しぶりのお客さまが来ても安心です。相手も覚えていてくれたのだと喜んでくれますから、いっそう話が弾みます。

カルテの記入が終わると、いよいよ時計を分解していきます。作業時は、季節を問わず、窓を閉め切ります。ほこりが舞うので、扇風機やエアコンを強くかけることはできません。部屋は南向きで、窓から差し込む自然光のもとで父と並んで作業をしています。太陽の光のほうが電気の明かりよりも細かい部品が見やすいのです。時計を分解して劣化した油分などを洗浄したら、不具合の原因を確認して対処します。

なかには修理できずにお客さまにお返しする時計もあります。もう行く当てがないと落胆する方もいますから、直せない理由をきちんと説明しています。代わりに使える部品がないことや、部品を直して使おうにも本体のさびがひどく、もう動かないことなどを伝えています。

——掛時計などは、機械部分だけでなく、外装の修理もやっているそうですね。

新品同様とまではいきませんが、できるだけ新品に近づけるために外装の補修も行っています。時計が動き始めただけでお返ししては、わたしたちも納得できないからです。掛時計や置時計は明治から昭和初期の製品が多く、文字盤の塗装が剥げていたり、ガラスが割れてなくなっていたりします。お客さまの意向を確かめたうえで、文字盤の修復のほか、木製部品の製作や塗装も行っています。ガラスについては、古いものは個体差も大きいので、大きなガラスから切り出してつくります。

お客さまから「想像していた以上だ」と喜んでもらえるときが何にも代えがたい瞬間です。見た目もきれいになると、時計を新調したときのような気持ちになるようです。

口コミでこのようなサービスの評判が広がると、外装の補修のみの依頼が来るようになりました。ただ、これらはあくまで時計修理の付随サービスです。外装のみの修理依頼はお断りしています。工数を考えると、文字盤の色付けなどは単体でほとんど利益が出ないからです。

――お客さまに時計を返すときにもすてきな心づかいがあるそうですね。

父が始めた直筆の手紙のことですね。修理後、正しく使っていただくために、使用方法や注意事項などを2～5枚の便箋に記しています。扱い方によっては、寿命を縮めてしまうことや不具合が起きてしまうこともあるからです。

時計が直ったからといって頑丈になったわけではありません。時計は精密機械なのです。このことをわかってほしいからこそ、手書きでしたためています。形見の時計のため扱ったことがないという方は少なくありませんし、自分の時計であっても長い間しまっていて使い方を忘れたという方もいます。手書きなら読んでくれるでしょうし、思いも伝わりやすいと考えました。お客さまからは感謝の気持ちや大切にしていますとお返事をいただいています。

地域の時計店であり続ける

――直筆の手紙には説得力がありますね。

わたし自身、お客さまの直筆の手紙に感動した経験があります。その方の依頼は結納品としてもらった時計を、息子さんの結婚祝いとして贈りたいというものでした。どうにか式当日までに届けることができました。その後もらった手紙には、20年間止まっていた時計が再び動き始めた感動と、結婚式に間に合ったことへの感謝がつづられていました。

　この経験からわたしも何かしらのメッセージをお客さまに届けたいと考えるようになりました。それは、時計のメーカーごとにその歴史などをまとめた資料づくりです。これまでも、時計に関する簡単な情報は父が手紙などで伝えていました。2016年からは、よりお客さまに喜んでもらえるようにと、わたしがリニューアルしました。さまざまな時計を見てきたからこそわかる情報を随時更新しながら盛り込み、今では100社を超えるストックがあります。

大正時代に建てられた店舗

　時計マニアの方からは初めて知る情報だと感激されることもあります。あまり時計に詳しくない方からは、メーカーの歴史を知ることで、いっそう時計に興味が湧き、自分の一本に愛着をもてたといわれます。こうしたお客さまの反応をみるたびに、取り組んで良かったと感じます。

――修理という仕事以上に大切にしている思いがあるのですね。

人とのつながりを大切にしなさいと父に教えられてきたことが根本にあります。遠方に住んでいて会えないお客さままでも、できるだけ接点をもつことで、大切な時計を安心して預けてもらえるのではないかと考えています。

お客さまから「都市部店を開いたほうがもっと稼げるのではないか」と言われることもあります。都市部は店舗の賃料が高いので、修理よりも利幅の大きい販売に力を入れなくてはいけなくなります。修理をメインにした現状のサービスを維持するのは難しくなるでしょう。

当店は御手洗が北前船の中継地として栄えた恩恵を受けてきました。この地に恩返しする意味でも、都市部へ出ていく考えはありません。これからも、ここ御手洗で一つでも多くの時計をよみがえらせていきたいと思っています。

取材メモ

歴史的な町並みを残す御手洗には多くの観光客が訪れる。父・敬一さんと息子・光司さんのように、窓のそばで時計を修理する様子は、大正時代の時計店にはよくある風景だったそうだ。当時の面影を残す新光時計店の建物と懐中時計を模した木造の看板は、インスタ映えするスポットの一つになっている。

訪れる人たちに、光司さんは地域の歴史と店舗の成り立ちを記したパンフレットを用意してもてなしている。ときには修理のお礼を直接伝えるために遠方からやってくるお客さんもいて、光司さん自ら地域を案内することもあるという。売り上げには直結しないが、お客さんに寄り添う姿勢がよくわかるエピソードだ。この姿勢が全国各地から時計を引き寄せているのだろう。

（青木　遥）

事例7　ニッチ×全国

マニア心をつかむ
プラモデルメーカー

㈲ファインモールド

代表取締役　鈴木《すずき》 邦宏《くにひろ》

[企業概要]

代表者	鈴木 邦宏
創業	1987年
資本金	300万円
従業者数	9人
事業内容	プラモデル製造・販売
所在地	愛知県豊橋市老津町的場53-2
電話番号	0532(23)6810
URL	http://www.finemolds.co.jp

愛知県豊橋市でプラモデル製造と販売を行う㈲ファインモールド。社名は「精巧な型」を意味する。自社製造の金型から、実物と寸分たがわぬ形状の商品を生み出すからだ。社長の鈴木邦宏さんの手にかかれば、船も飛行機も細部まで忠実に再現される。これほどまでに精度を追求する理由は何か。話をうかがった。

精巧さを追求

――事業の概要を教えてください。

１９８７年に開業したプラモデルメーカーです。主力商品は旧日本軍の航空機や車両、軍艦です。モデルにした実物を48分の1などに縮尺したもので、全長は20センチメートルくらいです。価格は車両や航空機だと約３０００円、軍艦だと約４０００円で、他社のものと同じくらいです。全国の模型店や玩具店、当社のオンラインストアで購入できます。メインのお客さまは40歳以上の男性です。

当社が特に力を入れていることは実物の形の忠実な再現です。プラモデルにすると直径が０・18ミリメートルしかない、軍艦に搭載された機関銃の銃身まで、実物と同じ形になるようにつくり込んでいます。

――忠実な再現をするために重要なことは何ですか。

題材にした車両や航空機などに関する情報をとにかく集めることです。実物の寸法や構造を把握するために、国立国会図書館や全国の古書店を回って、図面や機体が一部でも写っている写真を探しています。海外の文献や博物館に資料があるとわかれば、海外まで足を延ばします。旧日本軍の戦車や戦闘機を展示しているロシアや米国、英国の博物館まで出向いたこともあります。

また、題材にした車両や航空機がなぜつくられたのか、いつ、どこで、どのような活躍をしたのかなどの情報を集めています。

例えば、九五式軽戦車「ハ号」北満《ほくまん》型という戦車は、でこぼこしている場所でも、安定して走行できる戦車として開発されました。キャタピラ内の車輪の間に小型の車輪を追加して、キャタピラが沈みにくいように改良されています。1939年に満州国とモンゴルの国境付近で日本軍とソ連軍が衝突したノモンハン事件で活躍しました。畑が多く、でこぼこしている満州国の土地でもスムーズに移動することができたからです。

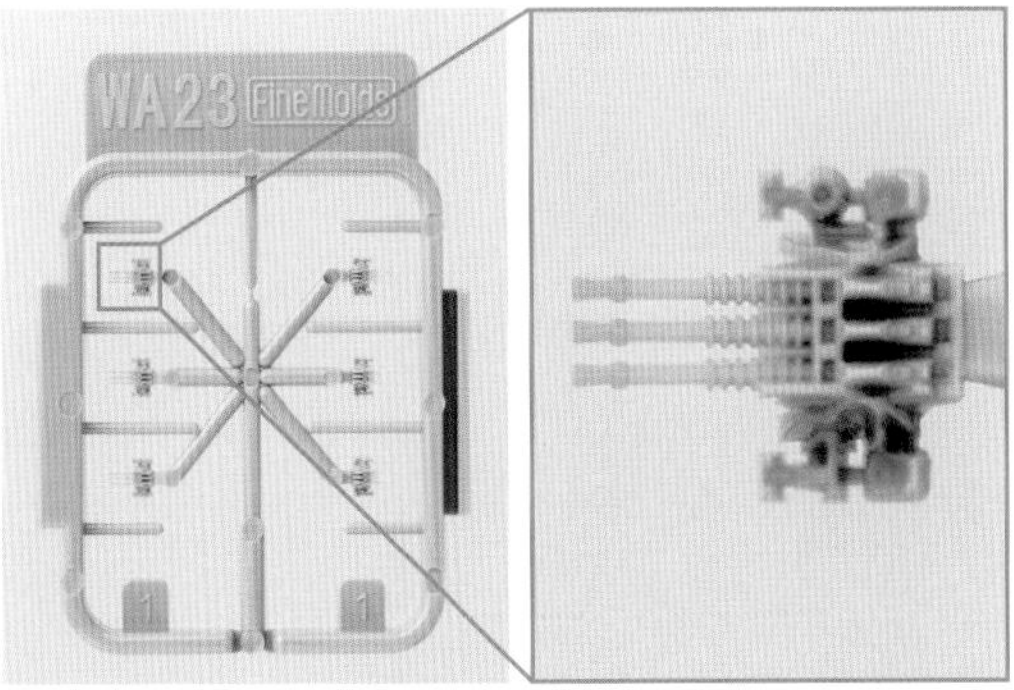

軍艦に搭載する対空機関銃の部品６個（左）と拡大写真（右）

こうした実物の開発経緯や活動実績などの情報を、製造に携わった人や操縦した人に取材して集めています。

――情報収集は誰が担当しているのですか。

わたしが、直接情報を収集しています。実は、この活動は約50年前、わたしが中学生の頃に趣味として始めたことなのです。

プラモデルを集めたり、組み立てたり、組みあがったものを眺めたりしながら、題材になった実物の活動している姿を想像しているうちに、実物のことについていろいろと知りたくなりました。そこで、近所に住んでいる戦争を経験した人に当時の話を聞きにいったのが始まりです。わたしは好きなことに関することなら、とことん知りたくなる性分なのです。

せっかく集めた情報を誰かに知ってもらいたいと思い、情報を説明書にまとめて、商品に同封することにしました。お客さまからは、説明書を読むだけで、実物の活動している姿を想像することができる。ここまで詳しく調べている会社はほかに知らないと好評を得ています。

――なぜそこまで詳しく調べるのですか。

プラモデルを眺めたり、組み立てたりしているときに、実物と少しでも形が違うことがわかると、一気に興ざめしてしまうからです。

自社の商品でお客さまが同じ思いをするのは嫌なので、実物の図面をもとにして細部まで忠実に再現することを心がけています。しかし、旧日本軍の図面は第2次世界大戦以前の古い資料であるため、見つからないことが少なくありません。そのときは、写真に写っている機体の一部の姿や集めた情報をもとに実物の全体の形を推測します。そして、同じ形になるまで試作品を何度もつくります。

それに伴い、金型を1ミリメートル以下の単位で何度もつくり直すことがよくあるので、金型の製造を外注するわけにはいきません。当社は、創業前に金型の製造会社に勤務していたわたしの経験を生かして、金型を自社で製造しています。

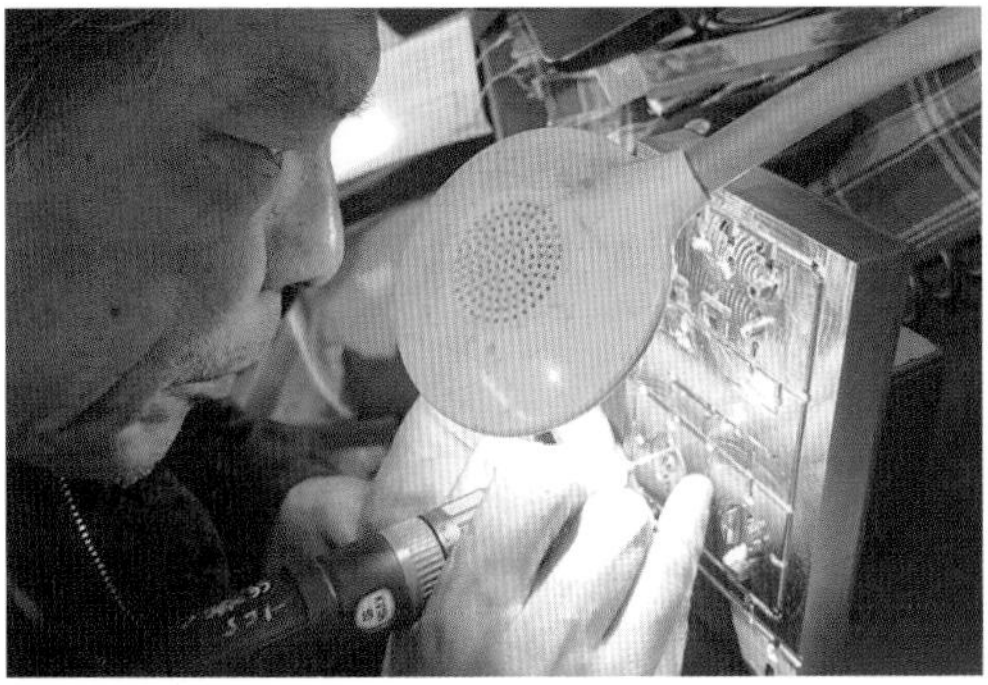
細部にまでこだわった金型の製造

プラモデルへの思いが人を引きつける

――鈴木社長が戦車や戦闘機などについての豊富な知識をもっていることは、プラモデル業界で有名みたいですね。

そのようです。戦車や戦闘機についてのトークショーのゲストや講演会の講師を依頼されることがあります。例えば、「全日本模型ホビーショー」という全国のプラモデルメーカーが集まって新商品を一挙に展示するイベントでは、戦車についてのトークショーのゲストとして呼ばれました。豊橋市美術博物館と中日新聞社が主催した「模型の魅力展」では、「模型の歴史とファインモールドの歩み」というテーマで、約80人の聴衆の前で1時間半講演をしました。

プライベートでもそのようなイベントによく顔を出しているのですが、ファインモールドの社長が来ているとすぐに気づかれ、わたしの周りに参加者が集まってきます。集まってくる人たちは皆プラモデル好きで、なかには自作のプラモデルを見せるためのホームページを運営している人もいます。

わたしはそんな参加者たちとプラモデルのことを夢中になって語り合います。わたしが調べた戦車や戦闘機についての知識を披露したり、参加者にこの戦車の図面の在りかを知っているなら教えてほしいと情報提供を呼びかけたりしています。近所の古書店で見かけたといった貴重な情報を得られることがあるので助かっています。

そうしていると、いつの間にか参加者たちとあだ名で呼び合う仲になっていき、連絡先の交換やホームページの相互リンクをよく申し込まれます。その結果、当社のホームページにはプラモデルが好きな個人のホームページのリンク先が約150件にも上っています。

――趣味のつながりから仕事が生まれることはありますか。

大ヒットした長編アニメ映画に登場する戦闘機のプラモデルを1999年に製造したのがまさにそうです。製造販売の許可をもらうために、その映画の監督に会いたいと思いました。そこで、戦闘機や戦車などについてのその監督のエッセーを連載している模型雑誌の出版会社に知り合いがいたので、仲介をお願いしてみました。すると、なんとか1時間だけ面会の機会をもらうことができました。

ただ、監督とお会いしたとき、映画に登場する戦闘機のモデルになったイタリア製戦闘機の開発経緯や活動実績のことばかりを話し込んでしまいました。どのように商品化して、どのくらい販売するかなどの話は数分程度。それでも、監督からは「好きにつくってください」と許可をいただいたのです。

そのときはあっさりと許可をもらえたと思ったので、後日、大手プラモデルメーカーが製造の許可を申し込んでも、ことごとく断られていると聞いたときは驚きました。監督と専門的な話をしていくうちに、お互いにこの人は自分と同じくらいよくわかっているなと感じて、仲間意識が芽生えたことにより、許可をもらえたのではないかと、今では思っています。

わたしのプラモデル仲間には、世界中で有名な漫画家もいます。プラモデルコンテストという、自分が製作したプラモデルの見栄えや塗装の出来を競い合うイベントに参加するほど、その人もプラモデルのことが好きなのです。

漫画家とはドイツ軍の兵士を題材にしたプラモデルを共同で製作しました。兵士自体はデザインを担当した漫画家が生み出した架空の人物ですが、服や銃などは実際に使われていたものを忠実に再現しました。その姿勢を漫画家は高く評価してくれて、今まで8体も兵士のプラモデルをデザインしてくれました。また2000年には、当社のロゴをデザインしてくれました。

顧客と同じ価値観

――映画監督や漫画家が認める商品をつくるのは大変そうですね。

何も特別なことではありません。当社のお客さまが、プラモデルへの思い入れが強く、厳しい目をもつ人たちばかりだからです。商品に実物と少しでも違っているところがあると、その違いを遠慮なく指摘されてしまうのです。

例えば、1937年に東京・ロンドン間の当時の世界最速記録を樹立した神風号という飛行機のプラモデルを製造したとき、70歳の男性のお客さまから、翼の曲がり具合が実物と違うと指摘されました。図面が見つからず、機体の一部が写った写真や取材の情報をもとに形を推測した商品ですが、ほかの商品と同様に計器盤や機体内部の燃料タンクまで忠実に再現した自信作でした。お客さまが所有する

実物の忠実な再現で顧客を楽しませる

写真を見ると、指摘の点は誤差といえる範囲のわずかな違いでした。しかし、実物と違うと指摘されたことが悔しくて、すぐに金型からつくり直しました。

――収益面からするとマイナスではないですか。

一時的な収益という点では、そのとおりです。翼の曲がり具合を直して、再発売しましたが、売り上げが増加することはありませんでした。金型の再製造にかかった費用を考えると明らかに赤字です。ですが、すぐに金型からつくり直して、再発売したことを、指摘したお客さまをはじめ、多くのお客さまが評価してくれました。

当社のお客さまは気に入ったプラモデルが見つかると、手元にまだ組み立てていないものがあっても買ってくれる人たちです。1人当たりの購入量が多いので、実物を忠実に再現するという、お客さまが支持してくれている方針を貫き通すことが長期的にみると、収益につながっていくのです。

――ほかにも創業時から変わらない方針はありますか。

わたしが組み立ててみたいと思えるプラモデルだけを商品化するという方針は変えていま

せんね。

新商品開発のときは、その方針に沿って、題材を決めていきます。たとえ、お客さまからある戦車をプラモデルにしてほしいと要望されても、わたしが組み立てたいと思えないと、商品化することはありません。

そもそも当社のことをよく知っているお客さまは、これをつくってほしいと要望してくることはほとんどありません。新商品開発に対する当社の姿勢が伝わっているからかもしれません。次はどんなものを商品化してくれるのかと楽しみに待ってくれているみたいです。

プラモデルを眺めていると、実際に見たことがないことにも想像を広げることができます。わたしはそれが楽しくてたまりません。同じことを経験してほしいから、今後もお客さまをわくわくさせるプラモデルをつくり続けていきたいと思います。

取材メモ

ゲーム機の台頭や少子化の影響で、プラモデル市場は創業当時から様変わりしたと鈴木社長は言う。市場規模は縮小し、顧客層も子どもから大人へと移った。それでも同社が売り上げを維持できた理由は、プラモデル好きの立場で欲しいと思える商品づくりを常に貫いてきたからだ。鈴木社長はプラモデル好きなら誰でも気にする再現性を追求し、商品を開発する。実物に関する資料をかき集め、金型から自前で製作する。微細な調整を繰り返しながら、実物とうり二つのプラモデルに仕上げていく。

誤差の範囲でも妥協しない。鈴木社長の商品開発に対するこだわりだ。非効率にもみえるが、ぶれない姿勢に顧客はマニア心をくすぐられ、同社を選び続ける。長い目でみたとき、それが収益に結びつくのである。

（小瀧　浩史）

事例8　ニッチ×全国

きめ細かな観察が書き味の決め手

㈲万年筆博士

代表取締役　山本《やまもと》　竜《りょう》

［企業概要］

代表者	山本　竜
創業	1934年
資本金	400万円
従業者数	4人
事業内容	万年筆製造・販売
所在地	鳥取県鳥取市栄町605
URL	https://fp-hakase.com

万年筆のオーダーメードを手がける山本竜さんのもとには、世界中の万年筆コレクターから注文が殺到する。まさに商売繁盛なのだが、「すべての工程を一人で担うので、年商には限界があります。商品代金は全額前払いで頂くのですが、細部にもこだわってしまう性格なので、時給も低めです」と山本さんは苦笑いする。万年筆に対する思いを聞いた。

動きに注目

――万年筆の専門店として歩んできたとうかがいました。

当店は、１９３４年にわたしの祖父が始めた万年筆店です。当時、手紙や公文書を書くのに使う文具といえば万年筆でした。職人がろくろを回して木材やセルロイドなどの素材から胴を削り出し、ペン先をつけ、インクを入れて文具に仕上げていく。１本ずつ手作業でした。やがて大手メーカーが万年筆の大量生産を始めると、同業者の多くが万年筆の販売にシフトしていきました。さらにボールペンが普及すると、日常生活や仕事で万年筆をわざわざ使う人は減っていきました。

当店も一度は万年筆から撤退したのですが、父はほかの店と同じ道をたどっても仕方がないと考え、万年筆づくりを再開しました。嗜好品《しこう》として万年筆を収集する人の期待に応えようとしたのです。おかげさまで今日まで営業を続けることができていますので、父の判断は正しかったのだと思います。

わたしは東京で働いた後、１９９６年に当店に入りました。幸いなことに、厚生労働省の表彰制度である「現代の名工」に選ばれたベテラン従業員がおり、万年筆づくりを直接学ぶことができました。先輩が定年退職するまでの10年間はまさに修業の連続で、一つ一つの動作を目に焼きつける毎日でした。2008年に社長に就任してからは、すべての工程をわたしが一人で担当しています。

——注文の流れを教えてください。

まずは、万年筆の胴に使う素材を決めます。べっ甲や水牛の角、高級木材のアフリカ黒檀などが人気です。近年これらの素材の価格は高騰し、手に入りにくくなってきています。

次は、「書き癖診断カルテ」の記入です。書くのはわたしではなく、お客さまです。16の質問があり、好みのペン先の大きさや、普段ペンを握る位置、角度、筆圧の強さなどを選択肢から選んでもらいます。最後、16番目の質問は「筆跡」で、住所と氏名と電話番号の記入を3回繰り返し

工房と打ち合わせスペースは隣接

てもらいます。

お客さまがカルテを書いている間、わたしはその動きをじっと見つめています。人には、本人が自覚していない書き癖があります。書くことは日常的だからでしょうか、あまり気にしないものですが、あらためて観察すると、さまざまな発見があります。お客さまと気づきを共有しながら、仕様を詰めていきます。

――書き癖は人それぞれというのは理解できますが、例えば商品のどこに影響するのでしょうか。

当店の万年筆づくりにはおよそ６００の工程があります。すべて手作業なので、あらゆる箇所に書き癖を反映していくことができます。比較的わかりやすいパーツを二つ説明しましょう。

一つはペン先です。万年筆のペン先は14金や18金、特殊ステンレスなどの硬い金属部品を使います。大手メーカーは一律の仕様でつくるので、書き癖がペン先に反映されるまで時間がかかります。万年筆が手になじむまで10年かかるとされるゆえんです。当店ではペン先の形状からお客さまの書き癖に合わせてつくるので、最初から手になじむのです。

もう一つはキャップです。書き癖に関係なさそうなパーツですが、実は重要です。キャップには、くるくる回して着脱する回転型と、押したり引いたりして着脱する勘合型があります。回転型は密閉性が高い一方、着脱に時間がかかります。勘合型は着脱しやすいですが、密閉性に劣ります。どちらが良いかは使い方によって変わってきます。例えば、外したキャップを机の上に置くのか、胴の反対側につけるのかによって仕様は変わります。利用シーンも考えます。さっとメモを取るための万年筆ならば勘合型が良いかもしれません。当店の場合、最初のオーダーでは回転型を選択するお客さまが多いです。

――どうしてですか。

やはり万年筆ならではの締め心地を楽しめるからでしょう。回転型は、当店が特に磨いてきた技術です。

胴とキャップがぴったりかみ合うように、双方にぎざぎざのねじ山を彫る工程をねじ切りといいます。通常、両者

ろくろで胴を回しながらねじ切りする

がかみ合って一回転すると一山進みます。当店のねじ切りは多条ねじといって、一回転で四山分進められます。つまり、４倍のスピードで着脱できるので、回転型の密閉性とスムーズな着脱の両立を実現しているのです。多条ねじの形状は複雑なので、やり直しのきかない機械生産だと歩留まりが悪く、採算に合わないとされています。当店は、人力のろくろと専用の彫刻刀で仕上げます。今風ではないのかもしれませんが、失敗の確率が低い方法です。

——ちまたで見かける、胴の色や柄を選んだり、名前を刻印したりするサービスとはまったくの別物なのですね。

いわゆるイージーメードに対応する万年筆メーカーはたくさんあります。ファッション業界のように流行の波があるわけではないので、パーツのつくり置きもしやすい。つまり、汎用品をつくるのと生産効率は大して変わりません。

当店の場合は、どうしても時間もお金もかかります。１カ月で製造できる量は10本程度です。平均価格も一般的な万年筆の約２倍、20万円ほどになります。にもかかわらず、おかげさまで注文は途切れることなく入っており、現在、注文から完成まで約１年待ちという状況です。

博士からHAKASEへ

――よほどの万年筆好きでないと、購入のハードルが高そうです。

わたしが入社した当時のお客さまといえば、50歳以上の男性がほとんどでした。企業の経営者や医師、あるいは定年退職した人などで、お金や時間に余裕があって、万年筆を集めるのが趣味、という人が多かったように思います。

ところが、最近の10年で客層は変わってきました。平均年齢は下がってきていて、30歳から40歳代の人がメインになりました。職業もさまざまですし、女性も増えてきました。万年筆は初めてという人もいます。

安い買い物ではありません。注文のきっかけを聞いてみると、「個性を形にできるから」「文字を書く機会が減っているからこそペンにこだわりたい」といった答えが返ってきます。新聞やテレビで、最近の若い人はお金を使わないと聞きますが、使わないのではなく、お金の使い方が多様化しているのだと感じています。

注文の仕方も変わってきました。わたしの目の前でカルテを書くことが注文のスタートなので、これまでは、対面販売が絶対条件でした。今は、店まで足を運ばなくても、メールで注文できます。当店から送るカルテを印刷し、記入の様子をスマートフォンで撮影、動画をメールで送れば完了です。書き癖の観察に足りない部分があれば、再撮影をお願いします。細かい相談もメールでやりとりできます。こうしたテクノロジーの進化により、新たなお客さまが増えました。

――外国のお客さままですね。

２０１０年ごろからぽつぽつと注文が入りはじめました。最初は米国に住んでいる人で、突然の注文にびっくりしたことをよく覚えています。その後もアジアや欧州など、世界各地からお客さまがやってきたり、メールで問い合わせてきたりするようになりました。

外国のお客さまの共通点は万年筆コレクターであることでしょうか。万年筆の情報交換に特化したウェブサイトがあり、日本のお客さまの誰かが当店のことを書き込んでいたようです。見ると、ＨＡＫＡＳＥという名で話題になっていました。こうして外国人の目に留まったのですが、多くの人が再注文してくださいます。今や注文の約半分を外国のお客さまが占めています。

鳥取だからこそ

――外国人を相手にすることで仕事に影響はありますか。

かけがえのない経験をたくさんさせてもらっています。例えば、ある台湾人の医師は毎年同じ時期に泊まりがけで来店します。県内各地を一緒に回りながら話していると、製造につながるインスピレーションを得ることがあります。海外からわざわざ来るわけですから、付き合いは自然と深まります。

あるオランダ人の大学教授は新たなビジネスチャンスを提供してくれました。彼から初めて注文を受けたのは2013年、メールオーダーでした。万年筆のあれこれでやりとりが盛り上がり、また完成品にも満足してくれたのでしょう。定期的に注文が入るようになりました。5本目の注文のとき、彼は鳥取まで来てくれました。大阪で学会があり、その帰りに立ち寄ってくれたのです。初対面にもかかわらず、旧友との再会を懐かしむような感覚で語り合いました。

帰国の際、彼は意外な話を持ち掛けてきました。「オランダで受注会をやらないか」と言うのです。嬉しい半面、東京や大阪で受注会を開いてきた経験から、海外での実現は相当難しいと思いました。遠慮するわたしを横目に、彼は場所の確保や告知など段取りをすべて仕切ってくれました。こうして２０１６年5月、わたしはオランダの首都、アムステルダム中央駅の構内で受注会を開催することになりました。当日は欧州を中心に8カ国の方が訪れ、約３００万円を売り上げることができました。

渡航費や滞在費などを考えると、商業的に大成功とまではいえませんが、世界中に万年筆愛好家がいることを実感できたのは大きな収穫でした。もっと頑張って期待に応えたい。身の引き締まる思いがしました。

――世界を舞台に事業展開するとなると、東京や大阪など大都市のほうが都合は良さそうですが。

おっしゃるとおりです。交通アクセスがけっして良くない鳥取で店を続けるよりも、東京や大阪へ移転する、あるいは海外に支店を出すほうが収益機会は増えるでしょうし、お客さまにもメリットがあるのではないかと考えたこともありました。ですが最近は、鳥取でやってきたからこそ今があると思い直すようになりました。

――理由を教えてください。

最大の理由は、万年筆づくりに没頭できるからです。当店は鳥取駅の目の前にあるとはいえ、日中でも人通りはそれほど多くありませんし、ふらりと店に入ってくる人はほとんどいません。これが東京や大阪のように往来の激しい大都市だったらどうなるでしょうか。当店では、接客と製造をわたし一人で担当していますから、来客数の増加に対応できる態勢になっていないという面もあります。

万年筆に携わって20年以上が経ち、毎日のルーティンの重要性を実感するようにもなりました。同じ時間に起きて、同じ時間に仕事を始め、同じ時間に終える。ようやく自分ならではの働き方を確立できたのです。このリズムを壊したくはありません。良い万年筆をつくるため、そして万年筆博士を応援してくれるお客さまのため、これからも今の場所、今のやり方で、店を続けていきたいと考えています。

毎日同じタイミングで工房に入る

取材メモ

山本さんは年間を通して作務衣《さむえ》を着用し、裸足で店に出る。作務衣を着るのは、作業がしやすいのと、外国人受けが良いからだ。日本らしさが外国人客との距離感をぐっと縮めるという。裸足の理由は、感覚を維持するためだ。工房の作業台の下にあるペダルを踏むと、手元のろくろが回転する。以前は靴を履いていたが、感覚が狂うときがあり、裸足にしたそうだ。どんなに寒い日でも靴下は履かない。最高の万年筆を届けようとする山本さんのプロ意識を感じた。

1万枚を超えるカルテを前に、山本さんは「お客さまの存在が何よりの励みです」と言う。ITの発達は万年筆博士の商圏を大きく広げた。それでも日本各地、世界各国からわざわざ鳥取の店を目指す客が多い。感動する書き味を実現してくれる山本さんに一度は会ってみたくなるのだろう。ファンの行動が、山本さんの製作意欲を引き出している。

（藤田 一郎）

事例9 ニッチ×地元

昆布生産の
頼れるサポーター

㈱寺島商会

代表取締役 寺島《てらしま》 達則《たつのり》

［企業概要］

代表者	寺島 達則
創業	1973年
資本金	1,050万円
従業者数	11人
事業内容	昆布の洗浄機、乾燥機の製造・販売
所在地	北海道函館市赤川町40-106
電話番号	0138(46)5527

「北海道で昆布養殖を拡大していくうえで、寺島がいたから助かった」。㈱寺島商会の代表取締役を務める寺島達則さんの顧客が言った言葉だ。北海道函館市で農機具の販売代理店としてスタートした同社は地域の産業動向を察知し、昆布生産者をターゲットに洗浄機や乾燥機を製造するようになった。寺島さんへの支持は道内全域に広がっている。

卸売りからメーカーに転身

――製品やサービスについて教えてください。

昆布の洗浄機と乾燥機の製造販売とメンテナンスを行っています。売り上げの構成は販売とメンテナンスでおおむね半々です。

まず、洗浄機の価格は150万円から160万円程度です。内部で6本のブラシが回転しながら昆布を挟んで洗います。自動車のフロアマットを洗う機械に似ています。主に養殖昆布の生産者が利用しています。海底に根付いて育つ天然昆布に対して、養殖昆布は海上からロープに吊るして育てます。潮の流れをもろに受けコケムシやホタテの稚貝などが付着することから、干す前にこれらを洗い落とすわけです。

養殖する昆布の大きさや厚みは産地や収穫する年ごとに異なるので、それに合わせてブラシの太さや固さを調整します。生産者と生育状況を確認しながら最適なブラシを選んで、1台ずつ手作業で仕上げています。

水揚げした昆布を干す乾燥機の価格は160万円から210万円ほどです。乾燥室に設置し、灯油や重油を燃やして温風を発生させます。最近では、プロパンガスにも対応していま す。乾燥室の場所や広さは顧客によって異なりますし、干す昆布の量によって必要な熱量も変わります。効率良く乾燥できるよう、温風の温度や風量、風向きなどを自動で調節できる機能を備えています。

洗浄機も乾燥機も昆布の生育状況や収穫量に合わせた定期メンテナンスが欠かせません。部品の交換が必要とわかれば、収穫シーズンに入る前に手配して作業します。

――顧客は近隣に多いのですか。

当社がある函館市や近隣の松前郡、茅部郡など道南地域の昆布生産者が顧客の約7割を占めます。道南地域に限れば、ほとんどの生産者とお付き合いがあります。昔から地元密着でやってきたのです。

道南地域の昆布生産者は北海道では養殖昆布の先駆けです。１９６９年から本格的な養殖に取り組んできました。

収穫した昆布は洗浄機へ

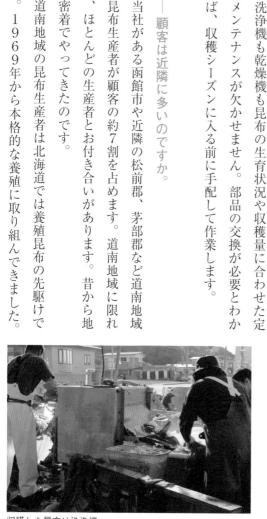

養殖した昆布の収穫期は海水温が上がる6月から9月です。生産効率を高めるために養殖技術を磨くなかで機械の活用が進んでいきました。乾燥機を使えば天日干しよりも乾燥時間を短縮できますし、天候の悪いときや夜間も作業できます。

当社の設立は1973年で、しばらくは大手メーカーが製造する農機具の販売代理店をやっていました。地元の農林水産業者と情報交換するうちに、養殖昆布に将来性を感じるようになりました。そこでビニールハウス用の暖房機で昆布を干せないかと考え、地元の昆布生産者を回って製品を売り込んだのです。ほどなくして、自社製品を製造することにしました。

――なぜ、自社製造に切り替えたのですか。

当時の乾燥機は農業用の大型機でしたし、洗浄機はほかの海藻類にも使える汎用性を売りにしており、必ずしも昆布生産に特化した仕様ではなかったのです。昆布生産者の声を聞くうちに、個々の昆布生産者の事情に合った機械をつくれないかと思うようになりました。そこで、メーカーに相談したところ、「寺島さんの会社で製造してみては」という話になり、チャレンジしたのです。

特に力を入れたことが二つあります。一つは納品までの期間を短縮することです。他社が販売している海藻用洗浄機は受注生産で、納品まで約3カ月かかっていました。昆布生産者からすれば収穫直前まで生育状況を見極めてから機械の追加や更新を決めたいところですが、3カ月かかるとなると、見切り発車にならざるをえません。昆布生産者が抱えているリスクを軽減できれば、当社にもチャンスはあると考えたのです。

そこで、当社が見込み製造に踏み切ることで、納期を約2週間に縮めました。わたしは毎日のように顧客や漁協を訪ねて、昆布の生育状況を聞いて回り、社長の判断で製造量を決めるようにしたのです。

もう一つは乾燥機のダウンサイジングです。道南地域の昆布生産者はほかの地域に比べて乾燥室が狭い場合が多く、従来と同じサイズでは場所を取りすぎたり、燃料代が余計にかかったりしていました。加えて、熱量が大きすぎるため昆布が乾きすぎてしまい、味わいを損ねてしまうことがありました。当社は小さくて燃費の良い乾燥機をつくることで、従来品の問題点を解消したのです。

小型化に成功した乾燥機

信頼が製品を広める

――メンテナンスにも御社ならではの工夫があるそうですね。

収穫のピークを迎える7月から8月には24時間態勢で対応します。函館市西部の下海岸《しもかいがん》と茅部郡鹿部《しかべ》町の漁港の中間地点に一軒家を借りて、従業員が住み込みで対応します。いわば仮設営業所です。茅部には函館市内の当社から車で1時間ほどかかるので、少しでも早く顧客のもとへ駆け付けるために設置を決めました。

最近は人手不足の影響で、収穫期だけ人材派遣会社から作業員を招く昆布生産者が増えてきています。作業に不慣れな人が多いので、呼ばれて行ったものの、機械の故障や不具合ではなく、操作方法をわかっていなかっただけということもあります。こうした場合には工賃をもらうわけにはいかないので、指導だけして帰ってきます。仕方ありませんよね。

早朝深夜に対応したからといって工賃の割り増しはしません。出張代も頂いていません。ささいなトラブルでも気兼ねなく相談してもらいたいからです。人件費を考えたら赤字になることもありますが、顧客にとってこの時期は1年を左右する大事な時期です。万全のサポート態勢を敷くことは、長い目でみれば当社を選び続けてもらえる大きなアピールポイントになると考えています。

――長く付き合うことを重視しているのですね。ほかにも工夫していることはありますか。

二つあります。

一つは製品や部品の大幅な値引きなど、無理な要望は受けないことです。一部の顧客を優遇して喜ばれたとしても、ほかの顧客の信頼を失ってしまうでしょう。広い業界ではありません。こうした情報はすぐに広まります。

もう一つは、生産者一人ひとりに踏み込んでアドバイスすることです。例えば、当社の乾燥機は温度や風量を自由に調節できるので、納品時には設置作業だけすればよいのですが、当社は顧客から作業員の人数や経験年数、作業時間などを聞き出し、作業環境に合わせて適切な動作設定を考えるようにしています。

場合によっては生産プロセスを一緒に考えることもあります。当社は実際に昆布を生産しているわけではありませんが、昆布一筋でやってきたことを顧客は知っています。ですから、アドバイスに耳を傾けてくれるのです。どうすれば品質の良い昆布をつくれるか。当社はこの問いに答えるために毎日仕事をしてきました。顧客と長いお付き合いをするなかで知識を蓄え、少しずつ答えに近づいてきていると感じています。

――道南地域で始まった昆布養殖は今や道内全域に広がっていると聞きました。御社の取引先も広がっているのでしょうか。

今では、北海道北部にある利尻町や東部の羅臼町などにも顧客がいます。いち早く昆布の養殖に取り組んでいた道南地域には、道内各地から昆布生産者が養殖のノウハウを学びに来ていました。そうした人たちが地元に戻った際に、当社の製品を広めてくれたのです。商圏が広がったことで、販売窓口になってくれる代理店も増えていきました。今では利尻町や羅臼町のほかにも北部では稚内市、東部では北見市など道内に全部で15件の代理店があります。

代理店は、漁業用資材や船舶機械の販売店、海産物を販売する商社などです。そのほとんどが当社のことを漁業関係者からの評判で知ったそうです。当社は顧客のおかげで販売ネットワークを広げることができたのです。

機械化を後押し

――遠方の顧客への対応はすべて代理店が行うのですか。

代理店には見積もりや消耗品の交換などをお願いしています。新製品の納品や定期メンテナンスなど重要な場面では、わたしや従業員が同行します。

わたしは年に十数回、遠方の顧客のところに出張します。離れていても肝心なときは販売メーカーが来てくれるので、顧客は代理店経由でも安心して当社の製品を購入できるのだと思います。

わたしにとっても、代理店の方々との出張は各地の昆布の生育状況などを知る良い機会になります。そこで得た情報は、洗浄機や乾燥機の製造計画に反映しています。

真心を込めて仕上げる

――各地から昆布の情報が集まってくるのですね。最近の動向を教えてください。

今まで手作業を重視していた昆布生産者から注文を受けて、洗浄機や乾燥機を納品することが増えています。背景には従事する人たちの高齢化や人手不足があると考えています。手作業は重労働なので体への負担が重くなります。少しでも長く続けられるようにするには、作業の負担を軽くする必要があります。作業の標準化ができれば次の担い手の確保にもつながります。そこで機械の導入に踏み切る生産者が出てきているわけです。

自治体が主導して機械の導入を働きかける所もあります。性能を研究するため、北海道の振興局の担当者や漁協の職員、組合員がたびたび当社を視察に訪れます。ほかにも漁協が主催する機械の展示会に呼ばれたり、機械の操作方法を学ぶ講習会に招かれたりしています。

こうした場を借りて、わたしは機械を導入するメリットやアフターサービスについて説明します。工程の一部を機械化したからといって品質が下がるわけではないのです。

――今後の方針を教えてください。

展示会や講習会などに参加するうちに、これまで以上に昆布にかかわる事業者同士の情報共有が大切になってくると感じています。先日の会合では、アレルギー対策として付着物を洗い落としてほしいという乾物卸売業者の声などを昆布生産者に還元し、喜ばれました。機械の受注についても、おかげさまで順調です。とはいえ、顧客が当社の製品を選んでくれるのは、性能には表れない導入時のアドバイスやメンテナンスがあるからだと思います。対応の品質を落としては顧客は離れてしまうでしょう。そうならないように、従業員全員いっそうレベルアップしていかなければいけないと感じています。

また、時代のニーズに対応し、昆布生産の未来を担う若い世代のためにも、ＩＴの知識やＩｏＴの技術を従業員と共に学んで製品開発につなげていきたいです。

取材メモ

取材のときに見せていただいた資料のなかに、水産業界の専門誌があった。そこには2ページにわたって寺島商会が取り上げられており、「先代の時代からうちはすべて寺島商会。機材導入となれば乾燥機の風量などすべて計算して調整してくれる」という顧客のインタビュー記事があった。同社に対する信頼が詰まっていると感じた。

汎用性の高い製品を扱えば販売先の幅は広がるが、寺島さんは昆布の生産用途に絞った。

納期を短くするため、顧客や漁協を回って仕入れた情報をもとに見込み製造する。メンテナンスでは早朝深夜も日中と変わらない対応をする。それは、昆布に対する愛情が人一倍強いからだ。だからこそ自社の利益を追うのではなく、生産者に寄り添う気持ちを忘れない。寺島さんの「昆布愛」が伝わり、顧客と長期的な関係を築くことに成功している。寺島さんがいるから、北海道の昆布生産者は今日も安心して海に出ることができる。

（篠崎　和也）

事例 10　ニッチ×地元

小豆島の食品産業を支える メカニック

㈱ヒラサカ

代表取締役　今井《いまい》 浩之《ひろゆき》

［企業概要］

代表者	今井 浩之
創業	1970年
資本金	300万円
従業者数	4人
事業内容	食品製造機械の修理・販売
所在地	香川県小豆郡小豆島町池田3455-1
電話番号	0879(75)0876

瀬戸内海に浮かぶ小豆島には、そうめんやしょうゆ、オリーブオイル、つくだ煮など食の名産品が多い。こうした食品産業を支えているのは、家族経営の小さな事業者である。彼らの駆け込み寺になっているのが、機械の修理や販売を手がける㈱ヒラサカだ。どのようにして顧客の信頼を得てきたのだろうか。代表取締役の今井浩之さんに聞いた。

そうめんづくりに不可欠な存在

——機械の修理や販売を手がけているそうですね。

食品製造に使う機械を取り扱っています。そうめんの製造業者への売り上げが全体の3分の2を占めます。仕事は修理やメンテナンスが中心で、機械の販売はわずかです。

小豆島は江戸時代から続く手延べそうめんの名産地です。冬に瀬戸内海から吹く風で麺を乾燥させることで生まれる強いこしが特徴です。兵庫県の播州そうめん、奈良県の三輪そうめんと並ぶ日本三大そうめんとして有名です。

手延べそうめんと聞くとすべて手作業というイメージをもつかもしれませんが、実際には、ほとんどの工程で機械が使われています。つくり方を簡単に説明しますと、まず小麦粉と食塩水を混ぜて生地を練り、板状にします。次に、板状の生地を棒状にしたあと、その生地を何本かねじり合わせて引き延ばし、細い麺状にします。そして乾燥させ、19センチメートルほどの長さに切れば完成です。

各工程で専用の機械が登場します。生地を練る、生地をローラーに通して棒状にする、棒状の生地を2本の管の間にかけて引き延ばすというふうに、それぞれ役割が決まっています。

小豆島のそうめんづくりはすべての工程を1日で一気に行います。効率良く量産するためには、それぞれの機械が安定して動き、工程がスムーズに流れるようにする必要がありま す。そのため、定期的に修理やメンテナンスをする必要があるのです。

――修理の仕事について詳しく教えてください。

歯車など小物の部品の交換から、機械の動きを制御する部分の調整までさまざまです。単価は1500円から数十万円と幅があります。単価が小さいと当然、利益も少なくなります。部品代や人件費を考えると、赤字になってしまうこともあります。また、急ぎで十分な見積もりができなかったときなど、まったく元をとれないこともありました。採算を考えれば好ましくない仕事かもしれませんが、島の産業を守ることにつながっていれば良いのかなと考え

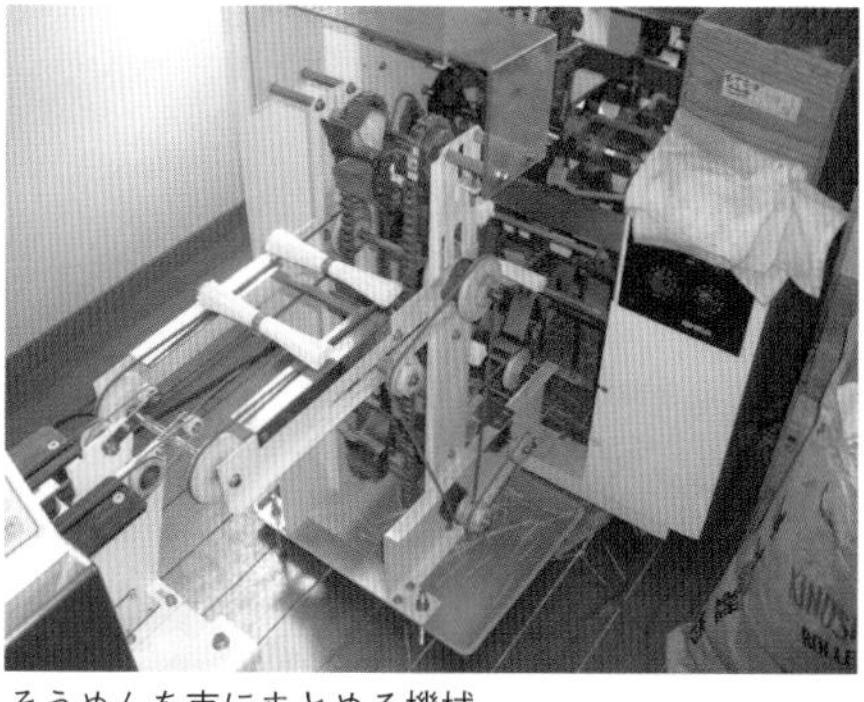

そうめんを束にまとめる機械

ています。

1カ月当たりの案件数は、普段で50件ほど、繁忙期は100件以上になります。最も忙しいのはお盆明けから秋です。そうめんづくりがピークを迎える冬を前に、お客さまが続々と機械のメンテナンスを始めるためです。

冬に入っても忙しい日々が続きます。お客さまは日が昇る前からそうめんをつくり始め、一日中機械を動かします。機械が途中で止まってしまうと後の工程もすべて止まり、せっかくの生地が全部だめになってしまうおそれがあります。機械が動かなくなってからでは遅いので、少しでも調子が悪いとみるやいなや、当社に連絡が来ます。

お客さまから依頼があれば、早朝から深夜まで電話1本ですぐに駆けつけ、可能な限りその場で修理します。何度も足を運ぶうちに、それぞれの機械の癖が頭に入ってきます。勝手がわかっているので、お客さまは安心して仕事を頼めるようです。

ただ、依頼が重なるとどうしても手が回らないことがあります。そのときは電話で機械の状態を聞き、それほど難しい作業でなければ、お客さま自らの手で直してもらうこともあります。修理のプロとして申し訳なく思っているのですが、事情をわかってくれるお客さまばかりで、助かっています。

「お客さまのため」を徹底する

――ほぼ24時間対応となると、商圏はおのずと限られそうです。

お客さまは香川県と徳島県に集中しています。一番多いのはやはり小豆島で、島内のそうめん業者の約8割とお付き合いしています。

そうめん産業を取り巻く環境は年々厳しくなっています。夏のお中元の市場が小さくなったことや、人々の食生活が変化したことで、そうめんの需要は減少しています。つくり手の側をみると、小豆島では過疎化が進み、職人の高齢化や後継者の不在が深刻な問題になっています。

その結果、昭和の終わりには島内に250社以上あったそうめん業者は、現在では120社ほどになりました。約30年で半減してしまったのです。そうめん業者の数が減ると、それに比例してそうめんづくりの機械を扱う同業者も減っていきました。かつては島内に機械業者が6社ありましたが、今では当社を含めて2社しかありません。

――事業環境が厳しくなるなかでも、修理をメインでやり続けてきた理由は何でしょうか。

当社の仕事は、お客さまのそうめんづくりを支えることだからです。そうめんの製造機械は耐久性が高く、メンテナンスすれば長持ちします。新品に入れ替えるよりも費用を大幅に抑えることができます。

今はそうめんがかつてほど売れなくなり、つくり手の高齢化も進んでいます。多額のお金を投じて機械を新調するとなると、ためらいが生じます。そのため、今ある機械を大切に使い続けたいというニーズが以前にも増して強くなっているのです。

そうすると、難しい修理の依頼も来ます。例えば、メーカーのサポートが終了した古い機械です。必要な部品を調達できないことがあります。そのときは、当社にある在庫で代用できないか、探してみます。見つからない場合は、材料を加工して代替品をつくってしまうこともあります。数千円の受注に多くの時間をかけることもあるので、経営効率はあまり良くないのかもしれませんね。

――機械全体を取り替えるほうがお互いにメリットがありそうです。

ケースバイケースだと思っています。常にお客さまの立場から最善の提案をするように心がけています。

そうめん業者は家族経営の小さな企業がほとんどです。高額な投資が難しいケースも少なくありません。そうしたお客さまに対しては、機械ごと取り替える場合でも、新品より中古品を薦めることが多いです。中古品でも、メンテナンスさえすれば十数年は使えます。新品なら200万円以上するような機械が、中古品なら数十万円から100万円程度で購入できるので、お客さまの負担を軽くすることができます。

島内には、残念ながら廃業してしまうそうめん業者もいます。不要になる機械があると、当社が引き取らせてもらい、メンテナンスをしたうえで、ほかのそうめん業者に販売しています。修理を主力にしてきたからこそ、機械を大切にする思いはほかの誰よりも強いのです。また、メンテナンスで定期的にお客さまに会っているので、お客さまがどのような機械を必要としているかを日頃から把握することができています。

作業場には多くの部品が並ぶ

――タイミングよく提案できるのは、取引先と深い付き合いがあるからなのですね。

お客さま一人ひとりに合ったサービスを提供するためには、お客さまの状況をよく理解することが必要です。修理などで頻繁にお客さまを訪問し、家族の話や事業をやっていくうえでの悩みごとなど、依頼される仕事とは直接関係のない話にも耳を傾けます。そのおかげか、近くを通っただけでお茶を飲んでいきなさいと誘われたり、お客さまがつくったそうめんや家庭菜園の野菜をいただいたりすることが、しばしばあります。こうしたご近所付き合いのような関係を築いているからこそ、お客さまが求めるものを、必要なときに提案できるのかもしれません。

顧客が顧客を呼ぶ

――そうめん以外の食品産業でも、お客さまが増えているそうですね。

そうめんと並ぶ島の名産品である、しょうゆやつくだ煮、オリーブオイルを手がける方々ともお付き合いするようになってきました。

そうめん以外の分野に進出するようになったのは、わたしが会社を継いでからです。社長になった当時、売り上げのほぼすべてがそうめん関係でした。しかし、そうめん業者の数が右肩下がりになっている状況を目の当たりにして、新しい分野に進出する必要性を強く感じました。

人手が限られているので営業活動に時間を割けなかったのですが、ありがたいことに、そうめん業者の方々から新しいお客さまを紹介してもらうことができました。難しそうな仕事であっても快く引き受け、楽しそうに作業しているからでしょうか。口コミで当社の存在が広まったようで、次第にお客さまが増えていきました。

――しょうゆならしょうゆ、オリーブオイルならオリーブオイル専門の機械業者がいそうですが、何が違うのでしょうか。

おっしゃるとおり、それぞれの分野に専門の機械業者がいます。ただ、こうした業者は島外にあるため、修理を依頼してから直るまでに長い時間がかかりますし、費用もかさみます。その点、当社は島内にありますので、お客さまが必要なときに、昼夜を問わず、スピーディーに対応できます。

しかも、機械の種類や新旧を問わずどんなものでも扱います。最近ですと、しょうゆを搾り出す古い機械の修理や、オリーブを搾油するイタリア製の機械の整備を引き受けました。後者は、日本全体をみても対応できる業者が少ない仕事です。

わたし自身、初めて見る機械が多いので、一筋縄ではいかないことばかりです。それでも、声をかけてもらったからにはあらゆる手を尽くすのがわたしのポリシーです。依頼があると、まずは機械を隅々まで観察しながら、これまで触れてきた機械との共通点をみつけていき、解決策を考えます。

わたし一人の力ではうまくいかないこともあります。こうしたときは、会社員時代に知り合った技術者のつてを頼って相談相手を探します。先ほどのオリーブの機械のときはイタリアのメーカーに直接問い合わせました。最後まで諦めず、何としてでもお客さまの要望に応える方法を探ります。

一つ一つの仕事をやり遂げていくうちに、新しく知り合ったお客さまやメーカーの方がまた新しいお客さまを紹介してくれる、良い循環が生まれてきました。その結果、今ではそうめん関係以外の売り上げが全体の3分の1を占めるまでになりました。そうめんづくりのオフシーズンに、ほかの仕事を引き受けるようになったことで、人手を増やさずに売り上げを伸ばすことができました。新しい仕事は骨が折れます。とはいえ、お客さまには喜んでいただくことができますし、わたしにとっては刺激的で楽しいです。会社にとっても取引先の拡大につながりますので、まさに一石三鳥です。

これからもお客さまの「こうしたい」「こんなことに困っている」という声に耳を傾けて、要望をかなえるお手伝いをしていきたいと思っています。それが、当社の仕事の幅を広げることにもつながるはずです。今後、さらに多くのお客さまの役に立つことで、微力ながら小豆島の食品産業を盛り上げていければと思っています。

取材メモ

今井さんのお話をうかがっていて印象に残ったことが二つある。

一つ目は、難しかった仕事について生き生きと話す姿だ。機械に触れることや、やったことのない仕事に挑戦することを心底楽しんでいる様子が伝わってきた。地元の食品業者が難しい仕事を依頼するのもうなずける。

二つ目は、顧客や地域のことを思う姿勢だ。「自分たちだけがもうかっても仕方ない。島全体が潤わないと」と、今井さんは強調する。機械の販売を増やせば、もっと利益を増やせそうだが、そうはしない。手間がかかっても顧客にとって最善の道を追求し、難しい要望もかなえ続けてきた同社の姿勢が、その言葉を裏付けている。

労をいとわず、顧客が求めることに徹底して向き合ってきたからこそ、今井さんは地元の食品産業の支持を勝ち取った。小豆島に欠かせない存在である。

（星田 佳祐）

事例11　マス×地元

顧客に寄り添う
地元の広報担当

花坂印刷工業(株)

代表取締役　花坂《はなさか》 雄大《ゆうだい》

[企業概要]

代表者	花坂 雄大
創業	1902年
資本金	1,000万円
従業者数	8人
事業内容	印刷業
所在地	岩手県宮古市新川町1-2
電話番号	0193(62)3125
URL	https://hanasaka.co.jp

岩手県宮古市の花坂印刷工業(株)は、100年以上にわたり地元企業のために印刷機を回してきた。2011年の東日本大震災を契機に改めて自社の事業基盤を見つめ直した。そこで5代目社長の花坂雄大さんが始めたのが、取引先の成長を通して地域全体の価値を高める新たな挑戦だ。その末に見出した地元密着企業の存在意義とは。

もう一歩踏み込む

――明治時代の創業で、長い歴史がありますね。

宮古市では一番古い印刷業者で100年以上の歴史があります。宮古市や近隣の田野畑村、山田町など下閉伊郡《しもへいぐん》のお客さまを相手に仕事をしてきました。これらの地域は岩手県の沿岸部にあり、盛岡市までは車で2時間以上かかります。印刷の仕事は、お客さまと何度も打ち合わせが必要です。当社がその都度遠方のお客さまのところへうかがっていては、印刷物の完成が遅れ迷惑をかけてしまいます。各地に営業所を置き、印刷は1カ所に集約している会社もありますが、当社は工場と営業の機能のすべてを宮古市内に置き、対応できるエリアにとどめて商売しています。

宮古市内に事業所は全部で約2800件あります。そのうち、当社のデータベースに登録されているお客さまの数は約1100件にのぼります。創業以来、地元に密着して事業を行ってきました。その結果、市内の約4割の事業所が継続的な付き合いのある顧客です。

――どのような仕事が多いのですか。

ポスターやチラシ、伝票や請求書といった帳票類などの製作が中心です。また独自の媒体として、地元の集合広告を掲載した情報誌「マロウド」を毎月1日に発行しています。内容は企業の宣伝や求人募集が中心ですが、4コマ漫画を載せるなど読者が楽しめる工夫をしています。新聞の折り込みを通じ、約2万世帯に配布しています。宮古市と下閉伊郡の世帯数は約3万8000なので、カバー率は50パーセントを超えます。宣伝効果が高いと好評です。気軽に使ってほしいので、掲載料は新聞や雑誌の広告に比べて安くしていますし、折り込み料も当社が負担します。お客さまが初めて当社に仕事を依頼するきっかけとなります。

店や企業と住民をつなぐことで地元が元気になればありがたい。こうした思いで始めたマロウドは、2019年5月に1200号を数えました。けっしてもうかる仕事とはいえません。それでも続けているのは、取引先の業績があがれば、それに伴って印刷の仕事も増えていくと考えているからです。

当社は創業以来、短期的な利益を追うのではなく、長い付き合いのなかでお客さまと共存することをモットーにしてきました。誰よりも地元に精通している自信をもっていましたが、その思いが大きく揺らぐ出来事が起きました。2011年3月の東日本大震災です。

――本社屋の目の前は宮古港です。被害は大きかったと思います。

建物は全壊し、印刷機も流されてしまいました。ただ、本社から2キロメートルほど内陸側にある支店は無事でした。すぐに盛岡市の印刷業者から印刷機を譲ってもらい、発災から2週間後には事業を再開できる体制を整えました。ところが、本社屋が全壊してしまったことで、周りの人たちからは花坂印刷工業は無くなってしまったと思われていました。

あのとき、個人の安否についてはインターネットの災害伝言板や避難所の掲示板で情報収集できましたが、店や企業のことまではわかりませんでした。誰もそこまで手を回す余裕がなかったのです。

そこでわたしは店や企業の安否を自ら調べ、その結果をマロウドで知らせることにしました。普段はお客さまから依頼を受けて情報を掲載する媒体ですが、このときは当社から掲載させてほしいとお願いしました。もちろん、掲載料は無料です。店や企業の営業再開情報は

震災前と同じ場所に再建した本社

市民を勇気づけると新聞販売店を説得し、折り込み料も無料にしてもらいました。普段のマロウドに掲載する企業数は1号につき約30社なのですが、このときは80社以上を掲載しました。とにかく、必死でした。

事業者を探し出し、営業再開に向けた情報を聞き出すのですが、昔話から復興への抱負など話題は尽きませんでした。初めて知ることも多く、まだまだ地元に密着しきれていなかったと痛感しました。次の100年も事業を続けていくためには、もっと地元を知る必要がある。そのためには仕事のやり方を見直さないといけないと強く感じるようになりました。

競争から共創へ

――どのように見直したのですか。

震災後、従業員が減ったことも影響しているのですが、営業エリアを宮古市内に絞ることにしました。移動時間が減るぶん、営業に費やせる時間が増えるからです。お客さまが何のために当社を必要としているのか、じっくり考えることができます。印刷物のコンセプトを考える段階から関与できれば、紙の質やデザインなどできめ細かい提案が可能になります。遠方のお客さまには事情を説明し、別の印刷業者を紹介するなどして、納得してもらいました。

方向転換は少しずつ実を結びました。実感できたのは地元の農産物直売所からの依頼で「豆腐田楽」の写真ポスターをつくったときです。直売所がポスターで実現したいのは、店の再開をアピールすることではなく、売り上げの増加でした。そこで、当社は直売所の担当者と売り出したい商品を決めることから始めました。それが豆腐田楽だったのです。

ポスターから缶バッジまでレパートリーは豊富

ほとんどの人が直売所には車で来ますから、駐車場から売り場に来るまでの間に食欲を刺激する必要があります。1本の豆腐田楽にピントを合わせ、背景には焼いている風景をぼかすようにいれてシズル感を強調した写真ポスターをつくりました。注文しやすいように商品名も大きく印刷しました。当社はデザインや写真撮影などすべての工程を担当しました。もともと直売所に貼ってあったポスターとは印象がかなり違うためか、来店客へのインパクトは大きかったようで、後日、豆腐田楽は売れ筋商品になったと感謝されました。

仕様が決められている印刷物は価格競争になってしまいがちですが、トータルプロデュースであれば価格競争になりません。お客さまに寄り添い、共につくり上げていく姿勢の大切さを再確認することができました。


——提案力勝負となると、実績の有無がポイントになりますね。


そのとおりです。「花坂印刷工業に頼めば何とかなる」と思われるためには、わかりやすい実績が必要です。宮古市民全員に伝わりやすい実績をつくろうと考えました。

そこで、わたしは国が提供するRESAS《リーサス》という地域経済分析システムを使って宮古市の産業別労働人口と労働生産性を調べました。労働人口が多いのに生産性の低い産業であれば、広報の力が大いに生かせるのではないかと考えたのです。

データを調べると、意外なことがわかりました。主力である水産業の労働生産性が低かったのです。宮古市は、マダラの水揚げ量が本州第1位で、アワビやワカメなどの収穫量も全国有数なのにです。実態を調べると合点がいきました。水揚げされた魚の多くが、そのまま東京に出荷されていたのです。価格は日々変動するので、売り上げは安定しませんし、商品を右から左へ流すだけでは、生産性が高まるわけがありません。せっかく水産資源が豊かな地域なのにもったいない。付加価値を高めて出荷する商品がもっと増えたらよいと思いました。とはいえ、当社は印刷業者ですから、水産加工のノウハウはありません。わたしはパートナーを探すことにしました。

――どのように探したのですか。

信用金庫が主催する若手経営者の勉強会でわたしの思いをプレゼンテーションしたところ、初対面ながら意気投合した人がいました。市内でイカそうめんをつくっている会社の専務です。同年代で共に宮古市に愛着をもっているということもあり、話はトントン拍子で進みました。

そこで専務と、同じく宮古市出身でデザイン会社の経営者と3人でタッグを組んで、「三陸王国イカ王子」というブランドを立ち上げました。宮古の水産資源を使って新商品を開発し、全国にアピールしようというプロジェクトです。わたしは広報大臣に就任しました。

地元の誇りが全国に

――それで名刺には広報大臣とあるわけですね。イカを使った新商品を開発したのですか。

いいえ。一押しは「王子のぜいたく至福のタラフライ」です。水揚げしたマダラを切り身にし、骨を抜きパン粉をふって袋詰めした冷凍食品です。これらの加工は水揚げから24時間以内にワンストップで行いますので、鮮度を保ったまま長期保存できます。油で揚げれば、あっという間にタラフライの完成です。

マダラに注目した理由は三つあります。一つ目は水揚げ量本州第1位というわかりやすいインパクトです。二つ目は加工の手間です。マダラは、表面にぬめりがあり小骨も多い、下処理の面倒な魚です。地元でも家庭でさばくことはまれです。つまり、この加工は付加価値があるわけです。三つ目は冷凍しても味が変わらないこと。流通に乗せやすく、価格も安定します。

これはおまけですが、「イカ王子のタラフライ」というちぐはぐ感も消費者の印象に残りやすいと考えました。広報上の戦略です。

商品開発はイカそうめんをつくっている会社の専務が担当し、包装パッケージのイラストやデザインはデザイン会社の経営者とわたしで決めました。まずは地元の人たちに知ってもらうために、イベントに出店して、揚げたてを食べてもらうことにしました。出店ブースの設営と装飾も、広報大臣であるわたしの仕事です。

――反響はいかがでしたか。

２０１７年９月の宮古市の産業まつりに出店した際には、２日間で７００食を完売しました。手応えをつかんだわれわれは市外の道の駅でのイベントや催事にも出店しました。そして、２０１８年３月からはインターネット販売を開始し、いよいよ全国展開を果たしました。

おかげさまで、すぐに大きな成果をあげました。ＮＨＫの番組でタラフライが紹介されたのです。イベントでひたすらタラフライの魅力を語るわれわれの姿が、取材班の目に留まったようです。さらに人気のお笑い芸人が別の番組で紹介してくれたことで、一気に火がつきました。購入したお客さまはＳＮＳで味の感想や調理した商品の写真を載せて拡散してくれています。ありがたいことに今では毎週８０００食以上の受注があり、発送まで１～２カ月待っていただいている状況です。

――大ヒットですね。業績も大きくアップですね。

タラフライの売り上げは当社には入りません。当社の売り上げはポスターやチラシ、パッケージに貼るシールなど商品に付随する印刷物のみです。収支トントンといったところですが、これはプロジェクトを立ち上げたときに3人で決めたことです。もっとも、想像を超えて事業が大きくなっているため、新しい会社をメンバーで立ち上げてイカ王子ブランドを管理していく予定です。成功例ができたことで、別の水産業者とも新プロジェクトを始める見込みです。今、宮古の海は熱いですよ。

当社も食品の包装に貼るラベルやシールの印刷ノウハウを蓄積できました。糊《のり》のついたシールをカットする技術は難しいのですが、この仕事を小ロットで受注できるのは市内で当社だけです。２０１９年2月から3カ月間で28件の注文を受けました。今回の実績を横展開し、宮古市の企業を印刷の力で後押しする準備は着々と進んでいます。

取材メモ

雄大さんは公私にわたって宮古市を盛り上げる活動に取り組んでいる。市内の企業の多くは若い働き手の不足に悩んでいるという。そこで、地元・宮古市に愛着をもった若者を育てようと、NPO法人みやっこベースを立ち上げ、同世代の若者が交流できるイベントを企画・運営している。街では、学生から頻繁に声をかけられるそうだ。

地元愛は同社に代々引き継がれてきた。先代の社長で雄大さんの父、康太郎さんは2010年から宮古商工会議所の会頭を務めている。震災後、康太郎さんは会員企業の復興支援に全力で臨むため、自社の経営を雄大さんに任せた。

公私を通じて経営者の人柄が伝わるからこそ、顧客は安心して仕事を頼める。しかも、雄大さんはそれに甘えることなく挑戦を続ける。その頼もしい背中に、100年以上にわたり地元に愛されてきた理由をみた。

（篠崎　和也）

事例12　マス×地元

地元の今が集まる 全員参加のラジオ局

室蘭まちづくり放送㈱

代表取締役社長　沼田《ぬまた》 勇也《ゆうや》

［企業概要］

代表者	沼田 勇也
創業	2007年
資本金	1,030万円
従業者数	12人（うちアルバイト5人）
事業内容	FMラジオ局
所在地	北海道室蘭市みゆき町2-13-1 輪西多目的センター 4階
電話番号	0143(84)1662
URL	http://fmview.jp

2018年9月6日午前3時7分、北海道胆振東部地震が起きた。その18分後には北海道全域で電気が消えた。2分後、「FMびゅー」の「DJぬまっち」こと、室蘭まちづくり放送㈱の沼田勇也社長は社員に連絡をとり、放送の準備を始めていた。役割分担を済ませると、子どもを抱えて急いでスタジオに入った。地元に必要な情報を届けるために。

コミュニティＦＭの使命を果たす

――発災直後のことを振り返っていただけますか。

スタジオに着くまでの間、やることの順番を考えていました。まずは非常用電源を立ち上げ、放送が可能であることを確認しました。並行して、出社してきたスタッフと手分けして自治体や地元の警察、消防、ほかのメディアなどから情報を集めました。これらを整理し、緊急放送を開始しました。発災から28分後、午前３時36分のことです。

普段は24時間放送ではないのですが、このときばかりは３日間、緊急生放送を続けました。毎年、道内にあるコミュニティＦＭ協会会員放送局22局は道の担当者、自衛隊等が集まって行う北海道総合防災訓練に参加しています。このおかげで、落ち着いて対応することができました。

地震の後、停電が道内全域を襲いました。わたしたちは放送エリアである室蘭市、登別市、伊達市の電力の復旧状況を細かく伝えました。

――コミュニティＦＭならではの情報を発信し続けたのですね。

地震の発生からしばらく経った後、ＦＭびゅーのおかげで冷静に行動できたというコメントをリスナーからいただきました。ありがたいお話ですが、これはリスナーの皆さんの協力のおかげなのです。放送した情報のなかにはリスナーから寄せられたものが多くありました。「○○で炊き出しをやる」「△△地区で電気が復旧した」といったきめ細かい情報が、緊急災害放送を開始した直後からスタジオに集まってきたのです。３日間で届いたメールは３５０通を超え、ＦＭびゅーのＳＮＳアカウントにも多くのメッセージが届きました。

ＦＭびゅーという放送局名には、二つの由来があります。一つは風の音です。太平洋に面する室蘭市は風の街と呼ばれ、海風がいつも吹いています。もう一つは、景観を意味する英語のＶｉｅｗ《ビュー》です。開局以来掲げている「まちをおとでつたえる」というコンセプトを表現しています。

現在、室蘭市では道内全域をエリアとするＡＭ放送３局

スタジオの入り口

とFM放送2局を受信することができます。これらのチャンネルでは、道内全域のニュースやプロ野球の実況中継などを聴くことができますし、東京のラジオ局が配信する番組を楽しむこともできます。FMびゅーは地域の情報に力点を置くことですみ分けを図っています。

顔の見える関係を築く

――開局の経緯を教えてください。

今から約20年前にさかのぼります。2001年、室蘭市にコミュニティFMをつくろうと考える市民が集まりました。室蘭市内の製鋼所で経理担当者として働いていたわたしも地元を盛り上げたいと考え、集まりに参加していました。メンバーは皆、放送の知識や経験はありません。道内の先輩コミュニティFM局を視察したり、自治体の方々や住民と番組の企画を考えたり、インターネットで試験放送をしたりしながらノウハウを蓄積していきました。いよいよ、会社を立ち上げることになり、集まりのなかで若手だったわたしに代表者の白羽の矢が立ったのです。

開局前後の出来事を振り返るとき、わたしはよく「リアルクラウドファンディング」という言葉を使います。今でこそクラウドファンディングのためのウェブサイトがいくつもあり、ネット上で応援してくれる人を募ることができます。わたしたちはネットを介してではなく、住戸や商店街の店を一つ一つ訪ね、出資や協賛をお願いして回ったのです。まさしくリアルクラウドファンディングといえるのではないかと思います。

――1軒ずつ回って協力を求めていくのは大変だったでしょうね。

室蘭には大企業の事務所や工場もあるのだから、まずはそういう所にお願いしたらどうかという意見もありました。コミュニティFMが地元に根付いていくためには企業の協力はもちろんですが、住民一人ひとりの理解が欠かせません。少しでも多くの方にFMびゅーの存在を知ってもらうほうが、長い目でみたときに良いと考えたのです。少ない人数で放送エリアの全域を回るローラー作戦は、時間も手間もかかりましたが、あのときの苦労があったからこそ、今も放送を続けられているのだと考えています。

もちろん、いきなり家に押しかけて、お金をくださいと頼んでもうまくいくわけがありません。援助しやすいように小口のお金を受け付けるようにしました。出資であれば、1口

5万円、協賛であれば1口5000円です。企業も同じ条件です。2017年11月に会社をつくり、半年後に放送局の免許を取得したのですが、それまでに1000万円のお金が集まりました。小さな企業の多くは、経営者やその家族など特定の人が株主になっていると思います。わたしたちの場合、株主や協賛者として多くの住民や企業とかかわりをもっています。地元の力に支えられて経営をさせていただいているというわけです。

――協賛は特に個人の方に人気だったようですね。どのようなメリットがあるのでしょうか。

出資よりも金額を低く設定したこともあって、想像以上の支援をいただきました。お祭りに寄付するような感覚があったのでしょう。この方たちには御礼として四半期に一度発行する番組表「ぷれびゅー」にお名前を掲載しています。開局後もサポーターズクラブ会員を募り、年会費として協賛をしてくれた方に対して、クリアファイルやボールペンといったノベルティーグッズのプレゼントを毎年しています。

そしてもう一つは誕生日のお祝い放送です。当日の放送時間中に3回、お名前とともにお祝いのメッセージを読み上げます。ラジオ局ならではのお礼と銘打って始めたところ予想以上に反響が大きく、毎年協賛してくださる方を増やすことにつながっています。自分の名前がラジオで流れることはなかなかできない経験ですし、放送がきっかけになって近所の人との会話が弾んだということもあったようです。ラジオを聴いてくれるのはもちろんありがたいのですが、放送をきっかけに地元のコミュニケーションが活発になることは、より嬉しいです。少しは地元に貢献できたかなと感じられるからです。

――リスナーとの一体感がありますね。番組についても教えてください。

放送している番組は大きく3種類あります。一つ目は、他局の番組です。札幌のラジオ局の番組を買い取って放送します。ただし、放送時間に占める割合は最も少ないです。

二つ目は、FMびゅーのスタッフが企画、制作した番組です。放送時間に占める割合は最も多いです。地元のニュースを読んだり、ゲストを招いてトークを繰り広げたりしています。わたしも時々、「DJぬまっち」としてスタジオに入っています。

生放送中のスタジオ

独自のコンテンツとして、社会人都市対抗野球の生中継があります。室蘭市には大手製鉄メーカーが母体の強豪チームがあるからです。地元の方々に喜んでもらえると考え、放送にチャレンジしたのです。

――スポーツの生中継はノウハウがないと難しそうです。

そのとおりです。覚悟はしていましたが、野球の実況は想像以上に難しかったです。一瞬でプレーの全貌を把握し、簡潔な言葉で表現しなくてはならないからです。

混乱している様子がラジオを通じて伝わったのでしょう。札幌のラジオ局でプロ野球の実況を担当していた方が「実況しましょう」と提案してくれました。その方は定年退職した後、伊達市に移り住んでおり、ＦＭびゅーを聴いてくれていたのです。この協力には本当に助けられました。チームが大会を勝ち進み、東京ドームから行った生中継は一生忘れられない経験です。２０１６年からはユーチューブで動画配信もしています。

東京ドームから生中継

スタジオを飛び出して

――リスナーの力を借りて番組の完成度を高めたわけですね。もう1種類の番組はどのようなものですか。

ずばり、リスナーが企画から制作までのすべてを担うボランティア番組です。FMびゅーでは、リスナーによる企画の持ち込みを歓迎しています。一人ひとりが大切な地域情報源だからです。

放送は週1回30分～1時間程度です。リスナーの反応が上々な番組は10年以上続いています。人気番組の一つは、地元の医師や住職たちが繰り広げるトーク番組です。地元の住民にインタビューしながら地元を語るだけなのですが、あまりにも内輪でマニアックなネタの連続で、長く地元に暮らしている人にも聴き応えのある番組になっています。

ママDJが地域の子育て情報を発信する番組も好評です。小さな子どもと一緒に出かけやすいスポットや飲食店などを紹介するもので、ママ目線で情報が吟味されているとリスナーの間で話題になりました。今やこの番組は独自の進化を遂げており、何とママDJとリスナーが一緒にフリーペーパーを制作しています。２０１９年に創刊した「おやこっこ」は市内各所に置かれており、地元の子育て世帯の必需品になっています。

――ラジオ番組の制作経験がなくても大丈夫なのでしょうか。

ＦＭびゅーでは、企画を考えていただく前の準備として、放送の基本について学ぶ講習会を随時開催しています。わたしが講師を務めます。講習会では、放送法や放送禁止用語など放送に関するルール、ＤＪの心構えなどを学びます。時間は3時間程度ですので、気軽に参加できます。例えば、時計を見ずに1分間で話をまとめる訓練はさまざまな場面で生かせるでしょうし、放送にまつわる知識があればラジオを聴く楽しみも増えます。わたしにとってもリスナーと直接交流できる貴重な機会です。会話から新しい企画が生まれることもあります。

――交流を大切にしているのですね。

リスナーと定期的に顔を合わせることが大切だと考えており、講習会以外にもリスナー参加型のイベントを多数開催しています。その一例を挙げると、公開放送を行ったり、地元のショッピングセンターで自動車模型のレース大会を開いたり、北海道の蘭越町にある農家を訪ねて圃場《ほじょう》見学会を開催したりしています。岩手県宮古市にフェリーで行くツアーも開催しました。

わたしは従業員たった12人の小さな企業の経営者です。それでも街を歩いていると、たくさんの方が声をかけてくれます。そのたびに思うのです。電波を止めてはならないと。コミュニティFMだからできること、そしていつもチャンネルを合わせていただくためにやるべきことを、リスナーの力を借りながら模索していきたいと思います。

取材メモ

取材の前、沼田さんは札幌の大学で出張講義を行ってきたそうだ。タイトルは『災害とラジオ「コミュニティFM」』。講義資料は146ページあるのだが、沼田さんは「時間ぴったりで話すことができました」と涼しい顔で振り返っていた。沼田さんは経営者であると同時にプロのDJなのだと感じた。

講義資料には時折、リスナーと沼田さんらFMびゅーのスタッフが楽しそうに交流している写真が登場する。これを見て、沼田さんの二刀流を支えているのはリスナーとの間に築いた絆なのだと確信した。開局前のリアルクラウドファンディングや誕生日祝い放送、そしてリスナー参加型のイベントなど、沼田さんはあらゆる場面で顧客との関係づくりを大切にしてきた。しかも、誰かをひいきすることはなく、皆とオープンな関係を構築することを徹底している。

ラジオ局の経営は特殊で、中小企業経営者の多くは遠い世界の話と思うかもしれない。だがその取り組みには、選ばれるための工夫がたくさんある。

（藤田　一郎）

選ばれる小さな企業

2020年7月13日　発行（禁無断転載）

編　者　ⓒ日本政策金融公庫
総合研究所

発行者　脇　坂　康　弘

発行所　株式会社 同 友 館
〒113-0033 東京都文京区本郷3-38-1
本郷信徳ビル 3F
電話　03(3813)3966
FAX　03(3818)2774
https://www.doyukan.co.jp/
ISBN 978-4-496-05483-9

落丁・乱丁本はお取替えいたします。